公共预算改革与廉洁政府建设研究

Study of Public Budgeting Reform and Clean Government Building

龙太江　等著

人民出版社

目　录

第一章　绪　论 …… 001

第二章　公共预算制度的廉政功能 …… 016

一　公共预算遏制腐败的历史经验 …… 016

二　公共预算制度廉政功能的理论分析 …… 024

第三章　我国公共预算改革的历程 …… 034

一　经济体制转型期预算改革的起步 …… 035

二　现代公共预算制度的构建 …… 042

第四章　基于《检察日报》报道案例和审计工作报告的预算违规分析 …… 051

一　基于《检察日报》报道案例的预算腐败分析 …… 051

二　基于审计工作报告的预算问题分析 …… 065

第五章　深化公共预算改革以构建廉洁政府的对策 ………… 081

一　推进预算公开，提高预算透明度 ………… 081

二　深化参与式预算改革，大力推进预算民主 ………… 104

三　坚持结果导向，推进绩效预算 ………… 112

四　加强财政内部控制，强化廉政风险防控 ………… 120

五　严肃责任追究，强化预算问责 ………… 128

结　语 ………… 141

参考文献 ………… 143

后　记 ………… 150

第一章 绪 论

一

从理论上看,公共权力的公共性决定了它只能用来服务于公共利益,但现实中世界各国都存在着不同程度的滥用公共权力牟取私利的现象。腐败是“政治之癌”这一判断,一方面指出了它的性质——政治和公共领域中的一种不正常的、具有严重危害的现象,另一方面则突出强调了这一问题治理的难度。改革开放以来,在经济社会迅速发展的同时,腐败现象也在滋生,成为损害党和政府合法性、威胁政治稳定、影响经济和社会发展的重大问题,党中央也高度重视党风廉政建设和反腐败斗争,把它视为“关系党的生死存亡的问题”,以坚定的政治决心,出台了强有力的反腐败政策措施,腐败治理取得了重大成就。

十八大以来,以习近平同志为核心的党中央着眼于世情、党情、国情发生的深刻变化和反腐倡廉的复杂形势,以强烈的历史责任感、深沉的使命忧患感、顽强的意志品质和卓越的政治智慧,坚定不移推进全面从严治党,以猛药去疴、重典治乱的决心,以刮骨疗毒、壮士断腕的勇气,坚决把党风廉政建设和反腐败斗争进行到底,坚持反腐败无禁区、全覆盖、零容忍,严厉惩治和有效预防腐败。如:大力加强纪律建设,把纪律挺在前面,严明政治纪律和政治规矩,净化党内政治生态；出台并锲而不舍地落实中央八项规定，严厉整治形式主义、官僚主义、享乐主义和奢靡之风，以党风带动政风民风好转；严惩腐败，查处腐败大案要案毫不手软，一批“老虎”相继落马，形成强大震慑效应；推动正风反腐向基层延伸，着力解决群众身边的腐败问题，查处群众身边的“微腐败”毫不松懈；狠抓国际追逃追赃，深化国际反腐败执法合作，织密国际追逃“天网”，筑牢防逃堤坝，让腐败分子无藏身之地；强化监督，积极探索监督执纪“四种形态”，严肃问责敢动真格；深化纪检监察体制改革，转职能转方式转作风，强化自我监督，严防“灯下黑”；坚持标本兼治，强化制度建设，不断探索建立健全长效机制，让制度成为正风反腐的利器。在以习近平同志为核心的党中央坚强领导下，党风廉政建设和反腐败斗争取得了举世瞩目的巨大成就，“不敢腐的目标初步实现，不能腐的笼子越扎越牢，不想腐的堤坝正在构筑，反腐败斗争压倒性态势已经形成并巩固发展①”。

学术界对腐败问题的探讨也在不断深入，提出了诸多治腐之策。如有学者强调要加大打击力度，大幅度提高查处概率和提高腐败成本，“不仅要使贪污者经济受损，而且要使其承担名誉损失，不仅让其倾家荡产，而且让其身败名裂，不仅使其个人名誉受损，而且使其利益相关者名誉受损”②；也有不少人提出要加强制度建设，构建国家廉政制度体系，“建构现代国家廉政制度体系是有效预防和惩治腐败、提高对各级党委和政府的问责度的必由之路，同时也是破除腐败魔咒、走出政权兴亡周期律的必由之路。完善纵向和横向的问责机制，加强各个廉政机构支柱的能力建设，健全完善各个廉政支柱所需要的核心规则，应当成为建构现代国家廉政制度体系下一步努力的重点”③；有学者则强调要强化权力制约监督，加强权力制约监督“不仅具有推动市场形态转

① 习近平：《决胜全面建成小康社会　夺取新时代中国特色社会主义伟大胜利——在中国共产党第十九次全国代表大会上的报告》，《人民日报》2017年10月28日第1版。

② 胡鞍钢、过勇：《转型期防治腐败的综合战略与制度设计》，《管理世界》2001年第6期。

③ 何增科：《建构现代国家廉政制度体系——有效惩治和预防腐败的体制机制问题研究》，《马克思主义与现实》2009年第3期。

型、政治文明发展、社会组织建设和伦理道德进步的重要功能，而且具有遏制腐败现象蔓延、改善市场竞争环境、健全责任政治制度和提高党的执政能力的现实意义”[①]；许多学者看到了廉政文化的重要作用，提出要高度重视廉政文化建设，“大力、持久、有效地开展廉政文化建设是反腐败的重要战略之一，对于最终的反腐败成功将起到基础性和决定性的作用”[②]；也有人提出要加强群众监督，重视群众的参与，“保持党与人民群众的血肉联系，才能使反腐败斗争向纵深开展。若离开了人民群众，反腐败斗争就会成为无源之水、无本之木，就会招致挫折和失败”[③]；近年来兴起的网络反腐也引起了学术界的关注，一些学者强调要重视网络反腐败，“网络的廉价性、快捷性、互动性、隐蔽性和追踪性特点，决定了网络具有举报腐败现象、监督公权运行、制造社会舆论的强大反腐功能”[④]；有学者关注到防止利益冲突对于腐败治理的意义，认为公职人员的利益冲突是腐败产生的重要根源，因此管理和防止利益冲突是从源头上防治腐败的重要途径[⑤]；有学者则指出要坚持对腐败的零容忍，“在理念上要绝不宽容腐败，为此要加强理想信念教育，推进廉政文化建设，使领导干部不想腐；在制度上加强体制机制创新和制度建设，健全预防、监督和惩治制度，保证制度的延续性和稳定性，使领导干部不能腐；在行为上要维护党纪国法的严肃性和权威性，狠抓苗头性、倾向性的问题，发挥好党委、纪检、监察、司法、审计等机关和部门的职能作用，严厉惩治腐败，使领导干部不敢腐”[⑥]；也

① 陈国权、曹伟：《权力监督制约的制度功能与现实意义》，《社会科学战线》2011 年第 9 期。

② 任建明：《廉政文化建设的重要性和有效性仍亟待解决》，《中国社会科学院报》2008 年 12 月 9 日。

③ 李伟：《中国共产党执政兴邦的独特优势——论依靠人民群众支持和参与反腐败斗争》，《党政干部学刊》2014 年第 3 期。

④ 牛先锋：《网络反腐的功能及其完善对策》，《理论视野》2009 年第 5 期。

⑤ 庄德水：《防止利益冲突与廉政建设研究》，北京：西苑出版社 2010 年版。

⑥ 龙太江、周光俊：《腐败零容忍：理念、制度与行为》，《广州大学学报（社会科学版）》2014 年第 11 期。

有学者从金融实名、财产申报、防范资金外逃等方面来提出治理腐败的对策①。

上述治腐对策都有其价值,因为腐败作为一种权力异化现象,有着深刻的政治、经济、社会和文化等诸多方面的复杂原因,所以治理腐败需要多措并举、综合治理。纵观学术界对腐败治理对策的探讨,我们注意到,从财政管理、预算管理角度进行的探讨相对薄弱,而这又是腐败治理中必须高度重视的一个领域。"公共预算问题一直没有引起中国政治学家和公共行政学家的兴趣"②。实际上,"为政之要,重在理财",社会主义国家的人民民主本质,决定了我国政府的财政管理,不仅要重视科学理财、高效理财和民主理财,而且要重视廉洁理财。国际上著名的反腐败研究专家杰瑞米·波普曾经谈到:一说到防治腐败,人们大多马上就想到要用严厉的法律和监察机制来加以惩治,然而,这只是最简单的一个办法,这样做的实际效果并不能够令人满意,她指出:"最为有力的反腐败机制就是建立起一套良好的财务管理制度。"③波普所说的这套良好的政府财务管理制度,其核心就是公共预算制度。权力的客体一般说来可以分为人、财、物,但其实因为物来源于财,所以对权力监督制约实际上就是对用人权和用财权的监督制约。如果我们以"透明国际"的清廉指数来评价一个国家或地区的廉洁情况,再比较各国的权力监督制约机制,我们不难发现廉洁程度较高的国家或地区,在用人权和用财权这两个方面都有较为完善的监督制约机制。对于用人权的监督制约,主要是以选举和问责为核心机制;对于用财权的监督制约,核心机制就是公共预算制度。现代公共预算制度建立起了对公共预算的严厉的审查、批准、监督机制,其目的是保证公共财

① 王明高:《中国新世纪惩治腐败对策研究》,长沙:湖南人民出版社 2002 年版。

② 马骏等:《呼吁公共预算——来自政治学、公共行政学的声音》,北京:中央编译出版社 2008 年版,第 17 页。

③ [新西兰]杰瑞米·波普:《制约腐败——建构国家廉政体系》,清华大学公共管理学院廉政研究室译,北京:中国方正出版社 2003 年版,第 314 页。

政资源服务于公共利益和民众福利。财权决定了事权，财权对事权的约束是硬约束，因而对政府财权的监督和制约，在很大程度上可以确保权力用于维护公共利益，保证公共权力运行的公共性。由此可见，对于反腐败而言，规范用财和规范用人有着同等重要的地位。从我国反腐倡廉建设的实际情况来看，我国历来重视用人权的监督和制约，这方面的制度建设成果也颇为丰硕。但是在规范用财方面，我们付出的努力和取得的成效却很难让人满意。① 相对于发达国家，我国的现代公共预算制度形成晚，还不够健全和完善，公共预算制度中的腐败隐患也相对较多。

党和政府对此也有清醒认识，一直强调要深化公共预算改革。比如党的十八届三中全会通过的《中共中央关于全面深化改革若干重大问题的决定》中就指出，要改进预算管理制度，实施全面规范、公开透明的预算制度。习近平总书记在十八届三中全会上对该《决定》作的说明中强调，财政是国家治理的基础和重要支柱，全面深化改革其重点之一就是财税体制改革，这主要涉及改进预算管理制度，完善税收制度，建立事权和支出责任相适应的制度等。② 习近平总书记在 2016 年 12 月 5 日主持召开的中央全面深化改革领导小组第三十次会议上，也强调要深化预算管理制度改革，规范预算编制和批复、预算执行、转移支付、决算等管理活动。③ 党中央对预算改革的高度重视，为治理腐败打下了坚实的政治基础，因为深化预算改革是构建廉洁政府的必由之路。因此，从公共预算改革的角度来探讨我国的腐败治理，无疑具有重要的理论意义和现实意义。

---

① 龙太江：《廉政建设需大力推进预算民主》，《探索与争鸣》2013 年第 4 期。

② 《习近平介绍深化财税体制改革》，2013 年 11 月 15 日，见 http://politics.people.com.cn/n/2013/1115/c1024-23559554.html。

③ 《习近平主持召开中央全面深化改革领导小组第三十次会议》，2016 年 12 月 5 日，见 http://news.xinhuanet.com/politics/2016-12/05/c_1120058658.htm。

二

首先需要说明的是，公共预算改革、腐败治理（廉洁政府建设）是两个涉及面很广、国内外研究成果很多的领域，本书集中于对从公共预算及公共预算改革角度来探讨廉洁政府建设的学术文献的分析。

公共预算改革与反腐败之间的相关性已经为学界所公认。杨大力认为，中国预算改革可以同时为省钱和控制腐败两个目标服务。① 马骏、赵早早、牛美丽认为，通过预算透明控制腐败已经成为行政改革主要的关注点。② 借鉴美国进步时代预算改革的经验，马骏提出从根本上重塑政府使之成为负责任的政府、廉洁高效的政府。③ 目前，学界在公共预算如何推进反腐败、建设廉洁政府的理论逻辑、体制机制上存在一定的分歧，相关研究都注意到了从案例实证分析中寻找经验支撑。

在建构理论逻辑与探讨体制机制之前，马骏首先阐释了中国通过预算改革推进反腐败的动力所在。在他看来，中国共产党已经在政府创新上变得更为开放，这会增强其执政的合法性。正是在这样的背景下，作为提高效率、减少浪费和控制腐败的预算改革能够得到来自共产党的支持。④ 也正是因为如此，中国预算改革得以推进和不断强化。目前，学界对于预算改革如何推进廉洁政府建设的研究主要可以从以下两个大的主题加以概括。

---

① Dali L.Yang, *Remaking the Chinese Leviathan: market transition and the politics of governance in China*, Stanford University Press, 2004, p.258.

② Jun Ma, Zaozao Zhao & Meili Niu, "Budgeting for fiscal risks: the challenge for China", *Journal of Asian Public Policy*, 2015, Vol.8, No.3, 351–368.

③ 马骏：《中国公共预算改革：理性化和民主化》，北京：中央编译出版社 2005 年版。

④ Jun Ma, "The Dilemma of developing financial accountability without election—A study of China's recent budget reforms", *The Australian Journal of Public Administration*, Vol. 68, no. S1, pp. 62–72.

（一）公共预算改革推进廉洁政府建设的理论建构与实证分析

学术界对公共预算改革推进廉洁政府建设的理论基础与逻辑进行探讨，取得了不少有价值的成果。

1. 预算民主理论

龙太江认为，我国廉政建设实践中对规范用财制度及用财行为不太重视，使通过预算民主来规范用财、遏制腐败显得非常重要，通过预算民主建设可以健全使人“不能腐败”“不敢腐败”的反腐机制。推进预算民主通过对预算决策环节的民主参与、审查，对预算执行环节的严密监督，能够保证公共资金的合理使用，从而起到遏制腐败的作用。而且，以预算民主为核心内容的公共预算改革，也将对国家治理结构的转型起到很大的促进作用，从而有助于遏制腐败。① 郭剑鸣通过对公共预算制度的内在约束机制研究建议构建基于公共预算制度的反腐机制。② 硕士学位论文《预算民主与腐败防治研究》阐述了预算编制、审批、执行三个环节在权力制衡、信息公开、程序监督三个方面存在的问题，以广东、河南焦作、浙江温岭新河预算民主改革为例，以英美法为参照，将预算民主与腐败防治结合起来。③

2. 预算公开（透明）理论

预算公开的政治价值不仅体现在落实主权在民的理念、维护法治原则、实现预算分配中的公平正义原则，也在于遏制权力腐败和奠定财政问责机制。④ 因此，预算公开是防治腐败的重要利器。利用定量的方法，越来越多的学者论

① 龙太江：《廉政建设需大力推进预算民主》，《探索与争鸣》2013 年第 4 期。

② 郭剑鸣：《公共预算约束机制建设与中国反腐败模式的完善》，《政治学研究》2009 年第 4 期。

③ 赵喜林：《预算民主与腐败防治研究》，湖南大学硕士学位论文，2012 年。

④ 吕侠：《论中国的预算公开》，《中南财经政法大学学报》2011 年第 4 期。

证了预算公开(透明)与反腐败之间的正相关关系,从而为预算公开(透明)推进反腐败提供经验支撑,但同时也要考虑预算透明的程度。李春根、徐建斌通过构建省级面板数据发现,省级层面的财政预算透明度对地区官员腐败程度具有显著的负向影响。财政预算透明度得分值平均每提高 10 分,每万公职人员腐败案件立案数就能够减少 0.85 件,这相当于腐败程度平均下降约 3.5%。因此,有必要通过修订与完善配套法律等措施,提高各级政府的财政预算透明度,充分发挥财政预算透明的腐败治理效应。① 张培培、温明月利用公开预算调查、腐败感知指数,以及世界银行等数据构建了一个 4 年的数据库,对预算透明与政府廉洁程度两者的关系进行统计分析,结果表明,预算透明是影响政府廉洁程度的一个重要变量,但预算透明与政府廉洁程度的关系是非线性的。只有当预算透明度提高到一定程度时,才会对提升政府廉洁程度产生积极意义。② Bernardino Benito 与 Francisco Bastida 利用 41 个国家跨国案例的实证研究也证明了类似的观点,即政府预算平衡和预算透明之间存在积极的正相关性,只有政府披露的信息越多,政客们利用财政赤字实现机会主义目标的可能性才越小,也就是说腐败越不容易发生。③ 除此之外,郭剑鸣利用 2008 年各国的清廉指数与预算公开指数为分析样板,对 84 个国家的预算公开性指数与清廉指数进行实证相关性分析,研究表明,预算公开性指数对清廉指数有很强的支撑作用,也就是说,预算公开是政府走向清廉的必由之路,规制用财与规制用人都是防控公权力腐败的基本路径,二者缺一不可。④ 刘希的硕士学位论文《预算公开与反腐败》也得出了类似的结论,认为预算公开的反腐机制

---

① 李春根、徐建斌:《中国财政预算透明与地区官员腐败关系研究》,《当代财经》2016 年第 1 期。

② 张培培、温明月:《预算透明能够提高政府廉洁程度吗——基于跨国面板数据的实证分析》,《甘肃行政学院学报》2016 年第 1 期。

③ Bernardino Benito, Francisco Bastida, "Budget transparency, fiscal performance, and political turnout: An international approach", *Public Administration Review*, May/June2009, 69(3): 403-417.

④ 郭剑鸣:《从预算公开走向政府清廉:反腐败制度建设的国际视野与启示》,《政治学研究》2011 年第 2 期。

是历史传统、民主氛围、经济发展水平以及政府等多个因素相互作用而实现的，预算公开反腐需要全面具体的预算文件、完善的法制建设、公众参与、科学的技术手段、全新的思想理念等。① 相比于单年度的分析，周光俊、龙太江分析了 2006、2008、2010、2012 四个年度共同涉及的 44 个国家的预算公开指数与清廉指数，实证分析表明，预算公开指数与清廉指数之间呈正相关关系，且基本属于高度相关，部分国家数据的不对称只是虚假背离。高度契合与虚假背离的背后起决定性作用的是成熟的民主政治，因此，预算公开推动廉洁政府建设需要以成熟的民主政治为前提和基石。②

3. 预算国家理论

王绍光、马骏认为，在国家建设过程中，重构财政制度至关重要，因为它能够在很大程度上推动国家治理制度转型。在西方发达国家的国家建设历史上，发生过两次重要的财政转型，即从“领地国家”向“税收国家”的转型和从“税收国家”到“预算国家”的转型。预算国家是采用现代公共预算制度来组织和管理财政收支的国家类型，它具有两个基本特点：财政集中和预算监督。由于西方早发现代化国家成功地从税收国家转型为预算国家，其国家治理也变得更加高效而且负责。③ 郭剑鸣认为，预算国家的思想发展经历了亚当·斯密的平衡财政思想、凯恩斯的负债财政思想和布坎南的立宪财政思想三大阶段，为民众从财政上解读国家、审查公权力行为、防治公权力腐败提供了制度基础。预算国家是从财政上约束国家公权力行为的系统化制度，其核心是建立公权力行为与公共预算之间的紧密对应关系，其中蕴涵的反腐败机理是审查预算规制政府用财、规制政府行为以防治腐败。因此，建设预算国家是现

---

① 刘希：《预算公开与反腐败》，南京大学硕士学位论文，2013 年。

② 周光俊、龙太江：《预算公开与廉洁政府关系的实证研究——基于 OBI 与 CPI 的相关性检测》，《福建行政学院学报》2014 年第 4 期。

③ 王绍光、马骏：《走向“预算国家”——财政转型与国家建设》，《公共行政评论》2008 年第 1 期。

代国家制度发展的方向。[①] 盛欣的硕士学位论文《预算国家视角下廉洁政府建设研究》认为,预算国家视角下全面、严密、系统、规范的公共预算制度就可以强化社会对政府的监督,规范公权力的运行,规制政府行政行为,进而推动廉洁政府建设。预算国家可以通过规范财政取用方式来规制政府及其工作人员的行政行为,进而达到防治腐败的目标。[②]

(二)公共预算改革推进廉洁政府建设的体制机制

在这一主题上,学术界的探讨主要集中在以下几个方面:

1.消灭制度诱因与机会

以中国为案例,马骏、倪星认为,一个设计良好的预算制度可以帮助减少腐败的制度诱因和机会。就目前中国的预算改革而言,中国反腐败的努力已经从早期重视劝导和周期性的打击转向了消灭腐败的制度诱因和机会这一更为根本性的问题。中国公共预算改革的结果是中国努力建设廉洁政府,但这并不是一帆风顺的,尤其是预算体系需要制度化。预算改革会减少腐败的制度诱因和机会,这不仅体现在公共财政收支方面,而且体现在政府监管方面。它会使得中国政府的反腐败运动沿着令人鼓舞和有希望的方向前进。预算改革并非反腐败的万能药,它包括部门预算改革、财政管理改革(国库集中支付)和政府采购改革三个组成部分,要找出原先预算体系的缺陷,目的是为了控制腐败和更有效率地运转。一个设计良好的预算制度可以实现"一石二鸟"的目标,即同时消除腐败的制度诱因和机会。[③] Milesi-Ferretti 等认为,预

① 郭剑鸣:《预算国家的思想发展、制度意蕴及其建设路径》,《学习论坛》2009 年第 3 期;郭剑鸣:《"预算国家":一项防治腐败的基本制度供给——基于 2008 年国家审计署审计公告的思考》,《人文杂志》2009 年第 3 期。

② 盛欣:《预算国家视角下廉洁政府建设研究》,湖南大学硕士学位论文,2011 年。

③ Jun Ma & Xing Ni,"Toward a clean government in China:does the budget reform provide a hope?"*Crime,Law and Social Change*,2008,49(2):119-138.

算透明可以使得官员遵守财政规则，规范自己的行为，从而减少做假账的可能。[①] 曹鲲、徐琴通过考察 1999 年预算改革前后的政府廉政绩效认为，中国的预算改革之路还远未走完，突出表现在改革局限于行政预算，过于关注技术层面上的革新。而且，中国的预算制度欠缺与政策绩效的联结机制。预算改革的廉政意义在于它能够消灭行政不法行为的制度激励，使预算过程参与者能够改变自身的行为方式或决策行为。未来的预算改革更加集中于立法预算改革，减少了腐败的制度激励和制度漏洞，而这需要更深层的政治体制改革。[②]《预算法治及其廉政功能》一书亦着眼于预算与法治、预算与廉政问题之间的张力关系，分析了预算和公共财政对预防腐败的法理意义。[③] 陈晓风的硕士学位论文《基于公共预算制度的反腐败模式研究》认为，公共预算制度结构中的预算编制、审批、执行、公开等单元本身就蕴含着反腐败的机制，如果能将结构中的每一个单元合理而有效地安排，将会在很大程度上限制腐败的发生。[④] 实证研究中，《基于〈检察日报〉案例的公共预算改革推进廉洁政府建设研究》一文则从《检察日报》报道的腐败案例中考察公共预算腐败的类型、存在的制度漏洞等，认为基于公共预算改革推进反腐败建设要从强化公共预算改革过程中的反腐功能、完善政府部门的权力制约与监督机制、引导地方政府部门公共预算改革创新等方面着手。[⑤] 张嫣嫣的硕士学位论文《基于审计公告的以公共预算改革推动廉政建设研究》结合 2003—2012 年间的中央预算执行和其他财政收支的审计工作报告，从预算编制、审批、执行、监督这四个单元所蕴含的腐败隐患来分析现行公共预算制度的不足，并提出相应的对策，

---

① Milesi-Ferretti, Gian Maria, "Good, Bad or Ugly? On the Effects of Fiscal Rules with Creative Accounting", *Journal of Public Economics*, 2004, Volume 88, Issues 1-2, January 2004, 377-394.

② 曹鲲、徐琴：《中国的预算改革与廉政制度建设》，《湖北社会科学》2012 年第 3 期。

③ 王宏、高玉琢：《预算法治及其廉政功能》，北京：北京大学出版社 2015 年版。

④ 陈晓风：《基于公共预算制度的反腐败模式研究》，浙江财经学院硕士学位论文，2011 年。

⑤ 潘文艺：《基于〈检察日报〉案例的公共预算改革推进廉洁政府建设研究》，湖南大学硕士学位论文，2013 年。

将预算结构中的每一个单元合理而有效地安排，来压缩可以腐败的空间。①

2. 规范财政纪律

马骏认为，在预算体制的过渡时期，由于财政部门内部的行政控制和外部的政治控制缺乏，财经纪律弱化到了极点，预算领域起主导作用的是各种非正式制度而不是法治原则，财政机会主义行为（如浪费、腐败等）不胜枚举。所以，落实法治原则，就必须建立“控制取向”的部门预算、国库集中收付体制及政府采购为主要目标的财政纪律。② 许正中、刘尧、赖先进认为，财政预算制度内在的反腐败制度应该要发挥更大的作用，成为防治腐败的“基因”。要建立健全财政预算编制、执行、决算、评估环节专业化的内部制衡机制，形成防治腐败的内在循环机制。同时，要以绩效预算管理为重点，提高财政透明度，健全和完善公众参与财政监督的长效机制，形成内外双重制衡的财政监督机制，夯实制度防腐的基石。③ 郭剑鸣认为，建立反腐败新模式要以规制用财为核心，规范公权力边界与监督公权力运作相结合，依靠民主机制取财、用财。“规制用财”可以对政府活动过程进行全面监督，甚至可以使不符合预算目标的政府活动完全“歇业”。如果能将政府的每一项收支都纳入预算，同时附上与之相对应的政府活动的理由和信息，那么，只要监控政府预算的编制和执行，就能监管政府行为和公权力的运用。④ 在实证研究上，郭剑鸣以近10年来公开的36起千万元以上贪腐大案为样本，分析我国贪腐大案发生的特点、趋势、分布领域和成因，认为我国的反腐败体制重防控用人腐败、轻防控用财

① 张嫣嫣：《基于审计公告的以公共预算改革推动廉政建设研究》，湖南大学硕士学位论文，2014年。

② 马骏：《中国公共预算改革的目标选择：近期目标与远期目标》，《中央财经大学学报》2005年第10期。

③ 许正中、刘尧、赖先进：《财政预算专业化制衡、绩效预算与防治腐败》，《财政研究》2011年第3期。

④ 郭剑鸣、姜文芳：《论基于公共预算制度的反腐败模式创新》，《领导科学》2009年第29期；郭剑鸣：《“规制用财”：我国反腐败模式创新的方向》，《探索》2009年第6期。

腐败。因此,充分整合反腐败力量、全方位规制政府财政行为,应是完善我国反腐败模式的关键之举。[①] 有学者则强调了财政问责的作用。Funnel 和 Cooper 认为政治问责必须与财政问责相联系,才具有实质内容。[②] 马骏对 1999 年预算改革以来我国财政问责的发展进行了分析,认为中国在财政问责方面已经取得了很多进展,但也存在明显问题:官僚问责进展大,而横向问责和社会问责进展缓慢,为了进一步提高财政问责,中国必须在预算过程中赋予立法机构和公民更多权力。[③]

3. 扩大参与、强化监督

刘小楠主编的《追问政府的钱袋子:中国公共预算改革的理论与实践》一书通过对上海市闵行区预算改革的案例研究,认为公共预算的过程应该是一个公开透明的过程,一个公众参与的过程。公众自身直接参与或委托人大代表审议预算,国家机关才能获得使用财政资金从事各项工作的合法性基础,政府的权力才能受到限制和制约,浪费和腐败现象才可能减少。[④] 唐云锋认为,我国预算内在的约束机制与体制内的预算监督基本丧失了其应有功能,当前的预算改革次序安排是对现实政治的一种妥协。人大预算监督的形式,审计、纪检与司法预算监督的乏力,预算监督主体间责权利边界混乱,因此,未来预算改革反腐败机制必须更多地依赖社会监督,网络技术的发展不失为一个重要的平台。[⑤] 欧阳华生、张海洋通过分析 97 个国家的预算透明、审计制度与

---

① 郭剑鸣:《治吏与治财整合式反腐:深化我国反腐败工作的基本进路——基于我国近年来千万元以上贪腐大案多发趋势的思考》,《探索》2011 年第 6 期。

② W. Funnel, K. Cooper, *Public sector accounting and accountability in Australia*, Sydney: University of New South Wales Press, 1998:10.

③ 马骏:《治国与理财:公共预算与国家建设》,北京:生活·读书·新知三联书店 2011 年版,第 160—189 页。

④ 刘小楠主编:《追问政府的钱袋子:中国公共预算改革的理论与实践》,北京:社会科学文献出版社 2011 年版。

⑤ 唐云锋:《我国预算反腐败困境与预算的社会监督逻辑》,《财经论丛》2013 年第 6 期。

政府清廉指数的相关性,表明预算透明对于政府清廉具有正向支持作用,其逻辑是,预算透明——公民参与政府预算——监督政府财政权——监督政府事权——减少官员寻租机会——抑制腐败;与此同时,预算透明、审计制度对政府清廉约束效应需结合其他制度综合作用,只有建立起较为完善的民主决策与社会监督机制,预算透明制度才能成为推动清廉政府建设的法宝。①

学术界关于公共预算改革推进廉洁政府建设的理论建构、实证分析与体制机制探讨的努力是值得肯定的。对比国外的经验,我们不难发现作为后发国家的中国仍然在经历着从税收国家到预算国家的转型②,甚至是尚未完成税收国家建设③,因此,在预算国家建设的道路上完善公共预算改革以更好地推进反腐败是值得努力的方向。然而,上述理论建构、实证分析与体制机制探讨仍然存在着一定的局限性。如上述关于公共预算改革推进反腐败体制机制的探讨仍然是较为理论化的、粗线条的,不够精细,也缺少来自反腐实践的现实案例的充分支撑;公共预算改革的核心是规制用财,规制用人与规制用财为核心的机制如何结合仍值得深入探讨。因此,本书在对公共预算改革与廉洁政府建设的关系进行一般性探讨的基础上,重点通过大量的实证案例分析、统计分析强化论证的现实基础与可操作性,通过对预算问责的探讨以使规制用人与规制用财更好地结合起来。

三

本书采用了如下研究方法:

① 欧阳华生、张海洋:《廉政的制度约束效应国际比较研究——基于预算透明和审计制度视角》,《公共财政研究》2015 年第 3 期。

② 王绍光、马骏:《走向"预算国家"——财政转型与国家建设》,《公共行政评论》2008 年第 1 期;王绍光:《从税收国家到预算国家》,《读书》2007 年第 10 期。

③ 马骏:《中国财政国家转型:走向税收国家?》,《吉林大学社会科学学报》2011 年第 1 期。

（一）文献研究法

文献研究法是社会科学研究的基本方法，它主要指通过全面搜集、整理文献，并对文献加以认真研究而形成对事物的科学认识的研究方法。本书广泛搜集了国内外关于中国公共预算改革及廉洁政府建设的相关文献，并对文献加以认真研读和分析，力图进一步拓展关于公共预算改革与廉洁政府建设的研究。

（二）比较研究法

比较研究法是一种通过对物与物之间、人与人之间的相似性或相异程度的研究与考察，探求普遍规律与特殊规律的研究方法。发达国家特别是廉洁程度较高的国家和地区，其预算制度与预算改革确有其优势，我国的廉政建设当然应该对此加以批判性地借鉴和吸收，而这离不开对中外预算制度与预算改革的比较。

（三）案例分析法

这是本书重点采用的研究方法。本书选取了2003—2012年十年间的《检察日报》报道的有关腐败案例，构建案例数据库，进行相关统计分析，归纳总结这些腐败案例的整体情况，分析与财政预算有关的腐败案例及其暴露出的制度漏洞，并对典型个案做深入分析以深化研究。

（四）内容分析法

内容分析法是一种通过对文件或文献的定量分析、统计描述来实现对事实的科学认识的研究方法，它将非定量的文件材料转化为定量的数据，并依据这些数据对文件内容做出定量分析和关于事实的判断与推论。本书对审计署发布的2003—2016年共计14个年度的中央预算执行和其他财政开支审计工作报告进行了比较全面的内容分析，以探讨我国预算管理中的腐败隐患和制度漏洞。

第二章　公共预算制度的廉政功能

无论是从抽象的理论演绎还是从人类政治生活的实践来看,公共预算制度都具有强大的廉政功能。探讨公共预算改革与廉洁政府建设这一主题,首先就必须对公共预算制度的廉政功能加以分析。

一　公共预算遏制腐败的历史经验

有了国家,就必然有国家财政。但公共预算制度并不是自国家一产生就有的。一般认为,现代公共预算制度是 19 世纪以后在欧洲国家逐步形成的。凯顿曾以收入汲取、公共责任、行政控制三个维度为标准,把预算史分为三个时期:前预算时代、预算时代、超预算时代。① 根据凯顿的这一分期,19 世纪以前君主专制统治下的财政管理属于“前预算时代”;19 世纪由于公共预算制度的逐步发展,预算史开始步入了“预算时代”;而到了 20 世纪 70 年代由于各国预算实践开始偏离 19 世纪形成的现代公共预算的一些基本原则,因而进入了“超预算时代”。按照凯顿的分析,“前预算时代”政府财政管理的主要特征

① Caiden, Naomi, “Shaping things to come: Super budgeters as heros(heroines) in the late twentieth century”, In Rubin, I.Eds. *New directions in budget history*. New York: State University of New York Press.1988.

有:(1)连续性,即没有年度预算的概念,政府根据资金流量和资金的可获得性来安排预算;(2)分权,即政府财政没有集中的内部控制,收入和支出都是分散的;(3)私有化,即大部分政府财政管理事务由私人承担,私人账户和国家账户常常混在一起;(4)权宜性,即各种各样的权宜手段被用来筹集收入;(5)腐败盛行,而且前预算模式在某种程度上就是依靠国家对于腐败的默许才能维持的,没有这些腐败机制,前预算模式似乎无法运转。这五个特征中,私有化和权宜性是最为根本的,而这二者都是滋生腐败的温床。① 由此,以当代眼光或标准来看,前预算时代腐败特别是资金使用方面的腐败是很普遍、很严重的。随着现代预算制度的建立和逐步完善,腐败程度相应地逐步减弱。预算制度建立与腐败程度降低这一历史联系不是偶然的,这是因为预算制度有强大的反腐功能。下面我们就以英、美两国为例对此加以分析。

(一)英国预算制度的形成及其对腐败的遏制

公共预算制度起源于英国。“预算”一词是英文单词“budget”的中译。“budget”一词来自于法文“bouge”,意为小布袋。1733 年出版的名为《布袋打开了》的小册子对当时任首相兼财政大臣的沃波尔向议会提交的财政报告加以讽刺,沃波尔被讥讽为一个“江湖郎中”,打开他的布袋便向议会展示各种灵丹妙药(各项财政政策)。该小册子所用的“Budget”一词从此被用来指称政府的预算。②

熟悉英国近代史的人都知道,英国近代史可以说是一部国王和议会争夺国家控制权的历史,而对财政收支、预算权的争夺就是双方斗争的焦点之一。著名学者布坎南等指出:“对统治者的控制,一直是通过对征税权的约束来实现的。英国议会通过限制君主的税收而处于支配地位,这是我们的政治遗产

① Caiden, Naomi, “A new perspective on budgetary reform”, *Australia Journal of Public Administration*, 1989, Vol.48, No.1:51-58.

② 焦建国:《英国公共财政制度变迁分析》,北京:经济科学出版社 2009 年版,第 167 页。

的一部分。"①在国王和议会争夺税收和预算控制权的漫长斗争中,英国财政从王室财政逐渐转变成国家财政。1215年《大宪章》的签署及国王失去部分征税权是英国公共预算制度的起点。《大宪章》第12条规定:"除了国王赎身、册封长子为骑士或长女出嫁外,未经王国御前扩大会议的许可,不得再强制征收任何免役税或贡金。"②这一文件首开人民监督政府收支的先河,可说是预算观念发轫的第一步。但它并没有对国王征税后得到的收入如何支出加以控制。直到1688年的"光荣革命"后,议会才初步确立起对政府收支的控制。

"光荣革命"在英国宪政发展史上的地位众所周知,它通过解决王位继承问题、"宪法解决"以及"财政解决"这三大"革命解决"对英国国家权力配置结构作了根本变革,使国家的权力中心从国王转移到议会。对于这三大"革命解决",人们往往重视前两个方面,而忽视了"财政解决"的意义。事实上,财政是政治权力运作的物质基础,"财政解决"无疑具有至关重要的意义。"财政解决"主要是通过一系列财政权规制,保证议会对政府财政的控制,然后再通过议会会议的制度化,保证议会会议的正常召开,以此来限制国王权力和政府行为。这些财政权规制,主要有两个重要的措施:一是对国王的关税征收权进行重大调整。按照惯例,英国议会在国王即位后就把关税的终身课征权授给国王,但1690年,议会却只授予威廉三世和玛丽女王为期4年的关税课征权。到了1694年议会又把课征期改为5年。通过这样附带期限的授权,国王对关税的终身课征权不复存在。这一措施基本保障了议会的定期召开,加强了对王权的限制。第二个重要措施是短绌财政,即使得国王及其政府的正常财政收入相对于支出需求而言总是处于一种短绌状态。通过这一措施,

① [澳]布伦南、[美]布坎南:《宪政经济学》,冯克利等译,北京:中国社会科学出版社2004年版,第10页。

② G.B.Adams & H.M.Stephens, eds., *Select documents of English constitutional history*, New York:Macmillan,1919,p.44.

议会控制的税收收入占了国家财政总收入的绝大部分。有资料表明，在采取“财政解决”措施以后的25年里，英国议会所控制的直接税收入和间接税收入，占国家财政总收入的比例分别达到了39.98%和56.91%，相比之下包括铸币收入、出卖财产的收入等在内的国王收入，占比仅为3.11%。[①] 在资金窘迫的困境下，王室在财政上必须依赖议会，没有议会的财政支持王室就会在财务上捉襟见肘。通过这一措施议会对王权的限制进一步强化，议会不仅控制了王室收支，也控制了政府公共收支。这样英国就逐渐形成了政府每年向议会提交年度预算草案、获得议会批准后才能执行的现代预算制度。从1760年起，内阁财政大臣必须在每个财政年度开始前向议会提交预算草案，请求议会批准，这一做法成为惯例。在“光荣革命”后的大约一百年里，由议会控制政府收支的预算制度逐步形成。

预算制度的形成与发展，对于遏制英国的腐败起了重要作用。可以想象，在国王的财政收支几乎不受代议机构控制，而王室对官员的监控又比较弱的情况下，财政资金的腐败必然成为普遍现象。有学者对1560—1640年的英国财政状况进行考察后发现，在这一时期，一方面政府资金窘迫，而贵族和官员的收入也下降了，这一窘况迫使国王不得不把许多原来王室特有的权力逐步转让给贵族和官员，另一方面，政府也把一些通过集权收上来的经济权力转让给贵族和官员。在个人庇护之下，在主流道德、伦理和监督机制制约乏力的情况下，贵族和官员滥用权力谋取私利，社会腐败之风盛行[②]。预算制度的形成，使得政府收支被纳入议会控制之下，国王和官员都不能随意使用财政资金，腐败也就逐渐得到控制。焦建国在其研究英国财政制度变迁的著作中对此有专门评价：“预算制度形成的最大贡献是解决财政腐败问题。18世纪中

---

① M.J. Braddick, *The nerves of the state: taxation and the financing of the English state, 1558-1714*, Manchester: Manchester University Press, 1996, p.10.

② 龚敏：《1560—1640年英国财政状况与贵族和官员的腐败》，《历史教学问题》2005年第4期。

期之前,英国各种各样的财政腐败是触目惊心的。进入 18 世纪中后期,议会通过预算控制财政,大体上杜绝了腐败。到 19 世纪,财政腐败已成为偶然的例外。"①

(二)美国现代预算制度的形成及其对腐败的遏制

美国也曾经历了比较严重的腐败时期。1828 年平民出身的安德鲁·杰克逊当选为美国第七任总统,他宣称"在一个建立官职的唯一目的是为了人民的利益的国家,任何人都不比其他人有更多的占据官职的固有权利"②。"政党分肥制"由此产生,在该制度下,公职成为奖品,那些在选举中获胜的候选人把政府公职随意赠给在选举中给了他较大帮助的人,而不管这些人的品德和能力如何。"政党分肥制"成为美国腐败迅速蔓延的一个重要原因,特别是成为人事腐败的温床。此外,也有其他许多原因助长了腐败,其中一个重要原因就是经济的迅速发展及由此而来的公共开支的迅速增长。19 世纪中后期美国经济发展迅速,1870—1913 年,美国经济增长了 2.4 倍,占世界 GDP 总量的份额从 8.9%猛增至 19.1%。③ 经济增长的同时,政府公共开支也大幅度增加。比如在纽约市,政府建设了大量的公共工程。1892—1902 年,纽约市铺设的输水和排水管道的总长度都超过了 1000 英里,到 1902 年铺设了总长将近 1800 英里的街道,街道上安装的电灯和煤气路灯超过 20000 盏,铺设了穿越城市约 1300 英里的小铁轨。④ 政府开支的增加及由此而来的公共工程的扩展,带来了大量的腐败机会。对此,卡恩有明确描述:"腐败明显涉及市政企业与私人企业为提供类似于公共卫生或者交通等公共物品或服务时订立的技术上合法的合同,这意味着全部公共权力成为了一个畸形的半公半私

① 焦建国:《英国公共财政制度变迁分析》,北京:经济科学出版社 2009 年版,第 168 页。

② Richard Hofstadter, *The American political tradition*, New York: Vintage Books, 1948, p.20.

③ 张宇燕、景富筠:《美国历史上的腐败与反腐败》,《国际经济评论》2005 年第 3 期。

④ [美]乔纳森·卡恩:《预算民主:美国的国家建设和公民权(1890—1928)》,叶娟丽等译,上海:世纪出版集团 2008 年版,第 7 页。

的权力，在那里，渎职者可以自由地逃避监管或者责任。”[①]在政治制度和监督制度不健全的情况下，腐败迅速发展。人事腐败、政府采购腐败、贪污受贿、内幕信息交易、弹性管制以及司法腐败等各种形式的腐败层出不穷，甚至立法腐败也蔓延开来，如在各级议会里议员们在法案通过后向法案的受益者索要金钱的事就司空见惯。在纽约市，坦慕尼协会成为腐败的大本营，它控制纽约市议会和政府，进而控制了各种市政资源，它用为政府工作的机会来交换选民手中的选票，用所控制的政府合同大肆寻求贿赂，钱权交易无所顾忌、明目张胆。特别是在1860年至1870年间，坦慕尼协会老板特威德竟然控制了纽约州和市两个层级政府官员的任免，而且还通过黑社会帮派的力量，强迫各种选举结果都要符合他的意愿，纽约州议员、纽约市长等重要职位的人选，都必须由他点头同意。在特威德控制纽约期间，他通过自己贪污和指使他人贪污等手段骗取的政府资金高达3000万至2亿美元，他还扶植和利用了多股黑帮势力。[②] 亨利·亚当斯在小说《民主》中借主人公雅可比（Baron Jacobi）的嘴说：“我已经活了七十五岁，这一辈子都生活在腐败中。我走过很多国家，没有一个国家比美国更腐败。”[③]这可说是对美国当时腐败的生动写照。总之，“从19世纪20年代后期起到1883年，美国出现了一个公共官员最严重的腐败时期”[④]。

腐败的蔓延必然使反腐败成为严肃的政治问题，有识之士和进步人士大声疾呼并采取积极行动遏制腐败。周琪、袁征在其分析美国腐败与反腐败的专著中总结称：“美国最严重的腐败时期并不是自行消失的，而是通过各种社会改革力量所付出的巨大努力来终结的：19世纪后期至20世纪20年代美国国内的文官改革运动把择优录取的原则引入了对官员的录用，从此从原则上

---

① ［美］乔纳森·卡恩：《预算民主：美国的国家建设和公民权（1890—1928）》，叶娟丽等译，上海：世纪出版集团2008年版，第9页。

② 王宏、高玉琢：《预算法治及其廉政功能》，北京：北京大学出版社2015年版，第87页。

③ 王绍光：《美国“进步时代”的启示》，《读书》2001年第8期。

④ 周琪、袁征：《美国的政治腐败与反腐败——对美国反腐败机制的研究》，北京：中国社会科学出版社2009年版，第25页。

来说党派倾向不再是选任官员的主要标准；进步主义的城市改革运动推动了城市公共管理的制度化，使其不再受'老板'及其同伙的操纵；当报纸可以依靠大量的广告收入而不再是党费来维持生存时，报纸从依附于政党转变为独立于政党，并开始不断揭露政治家的丑闻。"①文官改革运动、进步主义的城市改革运动、丑闻报道运动在美国遏制腐败、走向廉洁的过程中发挥了巨大作用。

之前，美国各级政府并没有严格的预算制度，那时即使有政府预算，也只不过是一堆散乱的事后报账单。大规模腐败现象的发展、蔓延，使得知识精英们认识到必须要在财务上采取得力的措施对政府收支加以控制来遏制腐败。艾伦（William H. Allen）、布鲁埃尔（Henry Bruere）、克利夫兰（Frederick A. Cleveland）组成著名的"ABC 三人组"，并于 1906 年创立纽约市政研究局，引领了美国早期的市政预算改革运动。他们认为政府预算是影响到民主政治能否名副其实的重大问题，一个没有制定和公布预算的政府是一个"看不见且没有责任的政府"，因此要通过预算改革把"看不见的政府"变为"看得见的政府"，使其能够接受总统和人民的双重监督与评价。② "他们认为，腐败的根源不在于政客的黑心，而在于人民的无知。他们的结论将民主的公民权的意义从立足于政治机器的高度党派化社会的公共生活提升为通过预算信息这一不带感情色彩的理性的中介，来从根本上杜绝个人与政府间的相互作用。"③卡恩总结道："市政研究局的研究人员最初将预算看作是一种通过取代政府与人民之间充当主要媒介的腐败的政治机器，来重构市民与政府关系的手段"，地方政府的预算改革"在很大程度上是为了应对政治机器与私人企业中的腐败现象而产生的……预算会将政府活动暴露在公众监督之下，从而打击公共

① 周琪、袁征：《美国的政治腐败与反腐败——对美国反腐败机制的研究》，北京：中国社会科学出版社 2009 年版，第 314 页。

② ［美］乔纳森·卡恩：《预算民主：美国的国家建设和公民权（1890—1928）》，叶娟丽等译，上海：世纪出版集团 2008 年版，第 148 页。

③ ［美］乔纳森·卡恩：《预算民主：美国的国家建设和公民权（1890—1928）》，叶娟丽等译，上海：世纪出版集团 2008 年版，第 111 页。

权力被私人利益滥用的现象”①。耳闻目见的严重腐败现象,促使人们反思当时的制度到底出了什么问题、该如何改进,在这方面公共预算制度以其对公共资金分配和使用的严密控制引起了有识之士的高度重视。尼古拉斯·亨利指出,20 世纪初美国的现代预算制度的建立,源于消除腐败、提高效率和推进民主等三种压力,换言之,对传统预算安排的改革都是作为实现上述政治目标而采取的财政手段。②

从“ABC 三人组”成员之一的克利夫兰在 1904 年发表的《城市会计:城市改革的第一步》一文就可明显看出预算改革的倡导者推动预算改革的主要目的是遏制腐败,在这篇文章中,他说:“众所周知,在城市的行政管理中,存在着众多的资金和资源的浪费现象。人们大都把这归罪于公共官员的寡廉鲜耻。然而,当我们试图确立这个推论的真理性时,我们马上遇到一个严重的困难:我们无法确定亏损出在哪些地方,从而确定责任所在。由于这种状况,无论是官员,还是纳税人,都无法就防止公共资金被滥用提出救治之策,无法保证服务诚实无欺。于是,许多极其聪明并富有公共精神的公民,在经历了几次拼命的改革后,对城市政治持有一种听天由命的态度。而另一些改革者则仍在黑暗中摸索,试图找到一种能给我们指明公共事务治理的正确途径的方法。正确之道需要光亮,而一个设计得更好的公共会计体系就是能够给我们带来光明的东西。”③

1908 年,在纽约市政研究局及其他预算改革倡导者的大力敦促和推动下,纽约市编制出台了美国预算史上第一份可以称得上现代预算的政府预算。尽管现在看来这份预算也非常粗糙,但它毕竟开启了城市预算编制之先河,而

---

① [美]乔纳森·卡恩:《预算民主:美国的国家建设和公民权(1890—1928)》,叶娟丽等译,上海:世纪出版集团 2008 年版,第 197 页。

② [美]尼古拉斯·亨利:《公共行政学》(第七版),项龙译,北京:华夏出版社 2002 年版,第 207 页。

③ Frederick A.Cleveland,“Municipal accounts:A first step toward municipal reform”,*Political Science Quarterly*,1904,19(3).

且纽约市的预算编制本身也在不断细化和进步。纽约的预算改革引起了广泛关注和高度重视,“预算”一词像“社会正义”“美国方式”一样成为时髦的政治术语,不少地方政府纷纷效仿纽约的预算改革,到20世纪20年代,美国大多数的主要城市都有了某种形式的预算。在联邦层面,1921年《预算与会计法》在国会获得通过,标志着联邦政府的公共预算制度改革在法律上完成。

那么,以遏制腐败为主要目标的预算改革是否达到了控制腐败的初衷?历史对此已经给出了肯定的答案,在包括预算改革等多种改革运动的共同努力下,美国的腐败得到了有效遏制。从美国腐败与欺诈指数曲线的变化就可看出这一点:1840年前后,腐败与欺诈指数为0.66—0.870;1857—1861年,该指数为0.711—0.837;19世纪70年代,该指数创下了1.03的最高纪录;而自19世纪80年代开始,该指数逐渐走低,在1914年前后出现了0.14的最低水平。[①] 此后美国再也没有出现过19世纪中后期那样严重的腐败,在当代,无论是从透明国际的清廉指数还是从世界银行及其他组织的腐败评价指标来看,美国都是腐败程度相对较低的国家。美国能有一个相对比较廉洁的政府,人们不能不感谢预算改革先驱者们的努力。对于预算改革的意义,王绍光也给予了高度评价:“看似不起眼的预算改革对美国后来的政治发展产生了巨大的影响”,它的一个重要作用就是“将各级政府行为的细节第一次展现在阳光下,有效地遏制了腐败的势头”。[②] 考察美国预算改革的这一段历史,我们可以得出结论:公共预算制度的建立是现代国家建设的核心内容,是国家实现政治廉洁的必由之路。

二　公共预算制度廉政功能的理论分析

我们从历史角度分析了公共预算制度的建立对于廉洁政府建设的意义,

① 张宇燕、景富筠:《美国历史上的腐败与反腐败》,《国际经济评论》2005年第3期。
② 王绍光:《美国“进步时代”的启示》,《读书》2001年第8期。

可以看出英美两国对腐败的遏制,在一定程度要归功于公共预算制度的确立及其功能的发挥。公共预算制度的建立与两国腐败的遏制之间的这种历史关联,不是历史的偶然,而是有其深刻的逻辑联系和必然性的。

(一)公共预算制度可以通过规制用财来遏制腐败

腐败也是一种逐利行为,是一种不合法、不合理的逐利行为,是一种利用公共权力或受委托权力来牟取私利的行为。其实,对利益的追求是人的一种本性,即所谓"天下熙熙,皆为利来;天下攘攘,皆为利往"。马克思指出:"人们奋斗所争取的一切,都同他们的利益有关。"①公共选择理论则把人的这种逐利本性发展为"经济人假设"。由此而言,掌握公共资源,特别是直接掌握政府财政资源的官员是最容易腐败的。对此,2000 多年前印度某邦的首相考提尔亚就指出:"正如如果蜂蜜或毒药被抹在了舌尖上,人们不可能不尝到它的味道一样,任何人如果被任命来管理政府的资金,他都不可能不尝到一点国王财富的甜头。"②掌握政府资金的官员,熟悉资金使用流程和制度漏洞,如果没有强有力的自律约束和外部约束,确实很容易腐败。自律约束也许很有效,但如何使人自律就没有好的、可靠的办法了,人们思考的重点自然转向外部约束特别是制度化的外部约束。

在公共预算制度建立之前,人们并没有找到有效办法来对政府施加强有力的外部约束,所以在此之前人类政治生活中的腐败特别是资金使用方面的腐败一直得不到有效遏制。公共预算制度实行后,不仅直接掌握政府资金的官员的腐败行为得到遏制,而且整个政府系统官员们的腐败行为都得到了较好遏制。为什么会这样呢？公共预算制度在一定意义上说就是一种用公开的、受监督的资金使用计划来控制政府收支的制度。政府的活动离不开财政、

---

① 《马克思恩格斯全集》第 1 卷,北京:人民出版社 1956 年版,第 82 页。

② Salvatore Schiavo, *Campo*, *Governance*, *corruption and public financial management*, Asian Development Bank, 1999:148.

资金的支持，正如马克思所说，“赋税是喂养政府的娘奶”①，“赋税是政府机器的经济基础”②，没有资金，政府什么活动也无法进行。控制了资金使用，也就控制了政府的命脉。正因为如此，政府预算看起来只是一堆数字，只是政府的收支计划，似乎只涉及资金使用，但其实由于所有政府活动都需资金支持，所以通过预算的编制、审批，就限定了政府履行哪些职能、如何履行职能，规定了政府活动的方向、范围、力度。因此，对预算进行严密控制，就可以有效地对政府权力进行制约，从而预防和遏制腐败。“预算可以通过将权力限制在适当的范围以及将权力公开分配到特定的部门，从而消除腐败。”③公共预算制度使政府官员特别是政府首长必须向公众和他们选举的代表明确陈述他们将要进行的管理与服务活动，并解释为什么要进行这些活动。因而通过对公共预算的审查，公众及其代表就可以判断政府的特定活动是否有必要进行、活动所需的成本是否合理，从而做出同意或者否决该预算安排的决定；此外，公众及其代表还可以进一步监督政府预算的执行情况，并通过一定的程序对预算执行中出现的问题进行责任追究，这也可以在一定程度上防止政府官员滥用权力牟取私利。因此，公共预算制度就成为一个非常有效的对官员行为进行外部约束、对政府腐败加以治理的控制制度。对于公共预算制度的这一反腐机理，郭剑鸣有很好的概括：“政府的每一项职能活动都离不开收支，而政府又是非盈利的，其收支均来自向社会的提取，如果能将政府的每一项收支都纳入预算，同时，附上与之相对应的政府活动的理由和信息，并向社会公开，那么，只要监控政府预算的编制和执行，就能监管政府行为和公权力的运用，简言之，就是通过规制政府取财用财的行为来防治腐败。”④

---

① 《马克思恩格斯全集》第 7 卷，北京：人民出版社 1959 年版，第 94 页。

② 《马克思恩格斯全集》第 19 卷，北京：人民出版社 1963 年版，第 32 页。

③ ［美］乔纳森·卡恩：《预算民主：美国的国家建设和公民权（1890—1928）》，叶娟丽等译，上海：世纪出版集团 2008 年版，第 60 页。

④ 郭剑鸣：《从预算公开走向政府清廉：反腐败制度建设的国际视野与启示》，《政治学研究》2011 年第 2 期。

通过规制用财来防治腐败,是一个很好的反腐败思路。说到底腐败主要就是用人腐败和用财腐败两个大的方面,通过公共预算制度对政府及其官员的资金使用行为加以严格限制,可以在很大程度上强化财政资金管理,提高财政资金使用效益,遏制用财腐败,而且它还可以通过强化财政资金使用的问责等途径对遏制用人腐败也起到一定作用。

(二)预算约束是对政府的一种强有力的外部和内部约束

众所周知,"权力导致腐败,绝对权力导致绝对腐败"①。要防治腐败就必须对权力加以有效制约。按照布坎南等人的分类,对政府的约束主要有选举约束和财政约束两大类。这种分类有一定价值,前者是一种政治约束,通过选举这一机制来约束、规范政府行为,使政府服从民意、维护公共利益;后者则是一种财务上的约束,通过资金的筹集、使用方面的约束来规范政府行为。因为政府的运转离不开资金,财政约束可以成为一种强有力的约束。而且,选举并不是时时发生的,会有比较长的间歇期,在这期间财政约束就更显重要了。更进一步看,公共选择理论已经阐明,"由于选民理性的无知、多数通过规则循环中固有的不确定性以及选举出来的官员之间率直的联盟,政治竞争对政府的约束是无效的","在长期中,对政府真正的有效的制约,只是体现在宪法中限制政府的征税、发行债券和印制货币的权力的规则上"。② 在西方国家,选举越来越成为政客、民意测验专家、传媒专家、政治营销专家等可以施加强有力影响的"技术"活动,选举约束的作用似乎趋于弱化。在这种情况下,财政约束的价值就更突出了。因为它可以无视选举或政治局势的变化,而对政府及所有官员施加强有力约束。因此布坎南等指出,"财政约束实际上可以代替选举约束,也就是说,即使在选举约束失效时它们仍然有效","对统治者的

---

① [英]阿克顿:《自由与权力》,侯健、范亚峰译,北京:商务印书馆 2001 年版,第 342 页。

② [美]丹尼斯·C.缪勒:《公共选择理论》,韩旭等译,北京:中国社会科学出版社 1999 年版,第 328 页。

控制,一直是通过对征税权的约束来实现的”。① 这里布坎南用的是“财政约束”一词,也许它与预算约束不能完全等同,但至少其核心就是预算约束。

预算不仅能够从外部约束政府行为,而且还可以从内部对政府加以强有力约束。政府对其内部的控制,主要是人事控制和财务控制两个手段。人事控制当然是一个重要方式,但是人事控制也有明显局限,因为人事变动有其规则和制度,不可能无条件使用,不可能对所有人都适用,也不可能高频度地反复使用。财务控制则主要通过提高预算约束来进行。相比于人事控制,预算约束的局限性就小多了。预算通过资金的分配、使用,不仅控制着政府系统各部门的人员配置,而且还可以规范和控制政府系统各部门及其人员的活动。而各部门为了更多的预算,需要表现出更高的工作效率,更高的责任性、回应性;或者说在特定的预算安排下,提供更高绩效、更好服务。预算是“行政管理的指挥塔”,“从他们的优势地位看,每个部门的高层政府官员会检查他们下面的所有部门,确认他们是否低效,并将其发现通过一种终端在行政首长那里的权力金字塔直接向上报告”②。

(三)公共预算制度有助于构建透明政府、有限政府、责任政府

在当代社会,一个廉洁的政府,必然是一个透明政府、有限政府、责任政府,或者说,正因为该政府是透明的、权力有限的、负责任的政府,才能成为一个廉洁的政府。所以要想防治腐败、构建廉洁政府,就需要促进致力于建设透明政府、有限政府、责任政府的改革。在透明政府、有限政府、责任政府的建设方面,公共预算制度也有其重要贡献。

---

① [澳]布伦南、[美]布坎南:《宪政经济学》,冯克利等译,北京:中国社会科学出版社2004年版,第10页。

② [美]乔纳森·卡恩:《预算民主:美国的国家建设和公民权(1890—1928)》,叶娟丽等译,上海:世纪出版集团2008年版,第149页。

首先,公共预算制度有助于提高政府透明度。现代公共预算制度的一个基本要求是预算必须是看得见的,即预算必须公开。公共预算的高度透明,使公民可以通过各种渠道很方便、很详细地了解政府预算。预算信息是政府信息的重要内容,预算公开本身就对透明政府的建设有重要意义。进一步看,由于政府活动是以资金使用为基础的,因而预算公开对于透明政府的建设还有其特殊意义:公民通过预算信息的了解可以看出政府将做哪些事、在每一件事上花多少钱,从而进一步把握政府的各种活动、观察政府的行动。“预算可以在一份文件中向公民提供他们政府的缩影,揭示每一个政府部门及其官员的责任和支出”①,“大多数公共预算能够相当精确地代表政府的活动和支出决策,因而它们提供了一个相当有利的位置来观察政府”②,“公开的预算将充当人民的向导,帮助他们理解政府行为的特征和范围,并因此为那些疏远了的公民提供他们急需的与政府紧密相连的意识”③。这些名家之言,进一步论证了预算公开对于透明政府的价值。

其次,公共预算制度有助于建设有限政府。反腐败必然要求对权力的制约。正如有学者指出的,“公共预算是实现公共财政法治化与行政权力控制的制度保障”④。有了现代公共预算制度,对政府权力的制约达到了一个新的高度。通过上一节对英国预算制度形成历史的考察就可以发现,预算本来就是为了限制王权而产生的。由代议机关批准的预算以强大的法律效力和政治影响力规定了政府的收支,规定了政府可以花多少钱,并一一细化到这些钱将由哪些部门花在哪些具体项目上,显然预算限定了政府的权力范围和职能范

① ［美］乔纳森·卡恩:《预算民主:美国的国家建设和公民权(1890—1928)》,叶娟丽等译,上海:世纪出版集团2008年版,第92页。

② ［美］爱伦·鲁宾:《公共预算中的政治:收入与支出,借贷与平衡》,叶娟丽等译,北京:中国人民大学出版社2001年版,第330页。

③ ［美］乔纳森·卡恩:《预算民主:美国的国家建设和公民权(1890—1928)》,叶娟丽等译,上海:世纪出版集团2008年版,第3页。

④ 谢庆奎:《公共预算与政治学学科体系建设》,见马骏等主编:《呼吁公共预算——来自政治学、公共行政学的声音》,北京:中央编译出版社2008年版,第13页。

围。对此,卡恩有明确论述,“预算能够界定并定位权力。会计仅仅表示人们在做什么,而预算则能够划分公共活动或私人活动”,“预算可以通过将权力限制在适当的范围以及将权力公开分配到特定的部门,从而消除腐败”,“无论是公还是私,一项完善的预算制度,可以规范公私两个领域的关系,将二者的行为适当地限定于各自的权力范围”。① 公共预算制度通过财政资金的分配以巧妙的方式限定和配置了政府权力。

再次,公共预算制度有助于建设责任政府。这在卡恩对美国 19 世纪末 20 世纪初的预算改革的历史考察中就有重点阐述。他认为预算通过一个规定政府收支的文件对政府责任加以明确界定,一个适当的预算体系意味着负责任的政府。“预算通过赋予立法机关和公民促使其执行机关及其官员对其行为负责的方式,提供了某种政治责任分配的基础”②,预算改革“创造了一套全新的公共行政话语,并发展出了遍及全国的维护政治责任的新工具,改变了政府内部以及政府与公民之间的权力与责任关系”③。公共预算制度通过对政府财政收入的安排确立了政府与公民之间的责任关系,通过对政府财政支出的分配确立了各部门及其官员的责任,从一定意义上说代议机关对公共预算的审批就是通过法定形式来划分上述各种责任,预算监督、问责则是进一步的追责行动。而且我们还应该注意政治问责与财政或预算问责的密切联系。福莱尔和库珀认为,政治问责必须与财政问责联系,才能具有实质内容。④ 格林也说,政治问责更多的是与财政问责有关的。⑤ 因此,没有财政问责或预算

① [美]乔纳森·卡恩:《预算民主:美国的国家建设和公民权(1890—1928)》,叶娟丽等译,上海:世纪出版集团 2008 年版,第 60 页。

② [美]乔纳森·卡恩:《预算民主:美国的国家建设和公民权(1890—1928)》,叶娟丽等译,上海:世纪出版集团 2008 年版,第 59 页。

③ [美]乔纳森·卡恩:《预算民主:美国的国家建设和公民权(1890—1928)》,叶娟丽等译,上海:世纪出版集团 2008 年版,第 58 页。

④ W. Funnel, K. Cooper, *Public sector accounting and accountability in Australia*, Sydney: University of New South Wales Press, 1998: 10.

⑤ J.Glynn, *Public sector financial control and accountability*, Oxford: Basil Blackwell, 1987: 21.

问责,政治问责也难以很好地实现。

(四)公共预算制度有助于构建不能腐、不敢腐的机制

反腐倡廉重在体制机制建设。谈到反腐败机制建设,党中央明确提出要构建不能腐、不敢腐、不想腐的反腐机制。在第十八届中央纪律检查委员会第二次全体会议上,习近平总书记强调,要强化对权力运行的制约和监督,把权力关进制度的笼子里,形成不敢腐的惩戒机制、不能腐的防范机制、不易腐的保障机制。[①] 在第十八届中央纪律检查委员会第三次全体会议上,习近平总书记同样强调了这一机制,提出要强化反腐败体制机制创新和制度保障有效机制。在第十八届中央纪律检查委员会第五次全体会议上,习近平总书记又强调要着力营造不敢腐、不能腐、不想腐的政治氛围。"不想腐"的反腐败机制就是要强化思想政治教育和完善道德约束体系,努力提高公职人员的思想道德水平,使其内心对腐败产生厌恶感,从而主动拒斥腐败。"不能腐"的反腐败机制的落脚点是加强制度建设,即查找制度的腐败隐患,进而健全和完善制度以杜绝腐败漏洞,使腐败分子无机可乘,没办法去腐败。"不敢腐"的反腐败机制就是要建立具有强大威慑力的监督和惩罚机制,着力提高腐败案件的查处率,使腐败行为无处隐藏,从而大大提高公职人员腐败的风险和成本,使其不敢去腐败。在这"三不"的反腐机制中,"不想腐"的反腐败机制建立并充分发挥作用的话,将从根本上遏制腐败,因为人的思想支配他的行为,人如果不想腐败,当然也就不会采取行动去腐败了。但问题是思想教育要真正产生实效难度很大、可靠性也不强,而且正如公共选择理论所阐明的,公职人员也是一个"经济人",也会在既定的条件下追求自身利益的最大化,在制度不完善因而腐败漏洞多、腐败机会多而且腐败风险又比较小的情况下,单纯靠思

① 《习近平在十八届中央纪委二次全会上发表重要讲话:更加科学有效地防治腐败 坚定不移把反腐倡廉建设引向深入》,2013 年 1 月 23 日,见 http://politics.people.com.cn/n/2013/0123/c7073120301083.html。

想教育是很难阻止公职人员腐败的。从改革开放以来反腐倡廉建设的实践来看,思想道德教育对腐败的遏制效果确实也并不理想。因此,反腐败机制创新的重点,需要放在“不能腐”“不敢腐”的反腐机制上。① 健全完善的现代公共预算制度,正是这样一种能够使公职人员“不能腐”“不敢腐”的反腐败机制。现代公共预算制度所构建的刚性的、严格的预算约束和预算控制,将通过强化财政资金管理大大压缩腐败空间,消除腐败隐患,使想腐败的人也无机可乘,从而不能腐败;而现代公共预算制度倡导的预算透明化、严密的预算监督以及严厉的预算问责,则有助于发现腐败线索,提高腐败案件查处率,并对腐败分子进行严厉追责,从而使人不敢腐败。2013 年 2 月 22 日,习近平总书记在对人民日报社的《专家学者对遏制公款吃喝的分析和建议》等材料的批示中指出:“关键是要抓住制度建设这个重点,以完善公务接待、财务预算和审计、考核问责、监督保障等制度为抓手,努力建立健全立体式、全方位的制度体系,以刚性的制度约束、严格的制度执行、强有力的监督检查、严厉的惩戒机制,切实遏制公款消费中的各种违规违纪违法现象。”②

(五)完善公共预算制度有助于健全能高效防治腐败的国家治理结构

预算是国家治理的核心③,没有高效的公共预算制度,一个国家的治理能力和治理效率都会大受影响,腐败也难以避免。因此,要有效遏制和防止腐败,就必须高度重视国家治理结构的合理化和现代化,提升国家治理能力。著名廉政研究专家何增科在分析我国的反腐败战略时指出:“只有积极推进治理结构的变革,建立起多中心的、自主的治理结构,实现各治理主体之间的分

---

① 龙太江:《廉政建设需大力推进预算民主》,《探索与争鸣》2013 年第 4 期。

② 《习近平:始终与人民心连心、同呼吸、共命运》,2015 年 8 月 13 日,见 http://cpc.people.com.cn/xuexi/n/2015/0813/c385474-27454725.html。

③ A.Shick,*Capacity to budget*,Washington D.C.:The Urban Institute Press,1990:1.

工合作,才能消除诱致转型期腐败的宏观制度结构缺陷,并最终建立起反腐败的制度平台。”①没有一个良好的有利于腐败治理的制度环境,没有建立起完善的国家治理结构,腐败是很难遏制的,显然我国反腐倡廉建设事业的最终胜利有赖于国家治理结构的转型与优化。而在这一方面,公共预算改革能够起到很大的推动作用。公共预算改革能够优化国家与社会关系、国家与公民关系,加快现代国家制度建设,从而推动国家治理转型。对西方发达国家的国家建设的历史进行考察就可以发现,财政转型是一个国家治理转型的关键,发达国家几乎都是以公共预算改革作为突破口,建立预算国家,实现治理转型的。② 卡恩通过对美国1890—1928年公共预算兴起与发展的历史考察证明,预算改革改变了公民、政治家、改革者和官僚理解政府的方式及其与政府的关系,因此他提出:“公共预算远不仅仅是简单地分配政府资源的工作,它们还是塑造公共生活、国家制度、公众与国家关系的文化建设。”③预算涉及公众与代议机关、公众与政府、代议机关与政府及其财政部门、政府与财政部门及政府内部其他部门等诸多政治主体之间的关系。这些关系的理顺、优化,能够极大地改善政府内部及外部诸多关系,不仅可以提高政府的合法性,也可以提高政府治理的效率。可以乐观地预期,随着公共预算改革的推进,我国的国家建设特别是公共治理结构将得到很大改善,一个能够高效防治腐败的宏观制度环境和国家治理结构将最终得以确立。④

---

① 何增科:《反腐新路:转型期中国腐败问题研究》,北京:中央编译出版社2002年版,第275页。

② 王绍光、马骏:《走向“预算国家”——财政转型与国家建设》,《公共行政评论》2008年第1期。

③ [美]乔纳森·卡恩:《预算民主:美国的国家建设和公民权(1890—1928)》,叶娟丽等译,上海:世纪出版集团2008年版,第2页。

④ 龙太江:《廉政建设需大力推进预算民主》,《探索与争鸣》2013年第4期。

第三章　我国公共预算改革的历程

我国的公共预算改革与我国的经济体制和财政体制改革有着密切的关系,根据我国经济体制的变化和政府预算制度的变化,我国的预算改革可分为三个发展阶段:计划经济体制下政府预算制度的产生与缓慢发展阶段(1949—1978);计划经济体制向社会主义市场经济体制转轨时期政府预算制度改革的起步阶段(1979—1998);以及现代公共预算制度初步建立阶段(1999年至今)。①

对我国预算制度改革历程加以考察,首先就发现一个有意思的现象:预算基本概念用词的变化。“国家预算”“政府预算”“公共预算”这几个概念在一些人看来没有什么区别,基本可以通用。实际上,这些概念的内涵是有明显区别的。“国家预算”一词是与计划经济体制密切相关的,因为在计划经济体制下,政府几乎包揽了经济和社会生活各方面事务,这时的政府是全能型政府,社会的经济主体就只有国家或集体,企业和个人都依附于政府。因此,在这种情况下,“国家预算”一词取代了“政府预算”也就可以理解了。而“政府预算”一词则与市场经济相对应,在这一体制下企业和居民的利益得到了重视,社会利益分化迅速发展,再以国家预算的概念涵盖政府与居民这两个要素,就

① 陈少晖、廖添土:《中国政府预算改革60年:历史演进与制度创新》,《经济研究参考》2009年第63期。

显得不符合市场经济的要求了，因为国家预算即使可以包含政府预算，却无法包容居民个人的“家计预算”。因此可以说，国家预算是与计划经济相对应的，而政府预算则是与市场经济相对应的，从“国家预算”到“政府预算”的概念演变，是从计划经济走向市场经济，从传统财政模式走向公共财政的客观要求。① 而“公共预算”一词则与我国财政体制的改革相关，随着财政体制改革的不断推进，预算资金的使用逐渐公共化，因此就有了“公共预算”。

下面我们将对改革开放后我国进行全面经济体制改革和财政体制改革直到现今的公共预算改革发展历程及成就加以简单考察。

一　经济体制转型期预算改革的起步

1978 年十一届三中全会后，我国开始了经济体制改革。1992 年中国共产党第十四次全国代表大会明确提出我国经济体制改革的目标是建立社会主义市场经济体制。随着经济体制改革的推进，我国的财政模式开始了计划型财政模式向市场型财政模式的转变，相应地，政府预算制度也进行了改革。

1979 年行政部门正式恢复了预算编制，履行由政府向全国人民代表大会提交预算报告、经全国人民代表大会审议批准后予以执行的法定程序，在内容和程序上恢复了预算的原貌。② 改革开放后的大约 20 年时间，从中央到地方在政府预算编制、执行、监督等方面也进行了一些改革，但总的来说各级政府对本级政府自身的预算制度进行改革的力度并不大，其变化和成就也并不明显。这一时期政府预算制度的改革主要集中在中央和地方财政关系的调整上。

中华人民共和国成立初期的统收统支预算体制和 1954—1978 年实行的

---

①　马蔡琛：《国家预算、政府预算和公共预算的比较分析》，《中国财政》2006 年第 2 期。

②　陈少晖、廖添土：《中国政府预算改革 60 年：历史演进与制度创新》，《经济研究参考》2009 年第 63 期。

统分结合预算体制在我国社会主义建设时期和计划经济时代发挥过重要作用,保证了国家财政的收入并提高了财政支出的效率。但随着改革开放的不断深化发展尤其是经济体制和财政体制的变化,之前的统收统支预算体制和统分结合预算体制已明显不能适应社会主义市场经济的发展,经济体制的变化对预算体制提出了强烈的改革要求。中央审时度势,适时对统分结合预算体制进行了重要改革。具体来说,此一阶段的改革主要是实行财政包干体制和分级分税预算体制。

(一)财政包干体制改革(1979—1992年)

1980年2月1日,国务院发布“国发[1980]33号”文,正式发布并实施《关于实行“划分收支,分级包干”的财政管理体制的暂行规定》,开始推行“划分收支,分级包干”的财政管理体制,即第一个财政五年包干,地方政府逐渐发展成为一个相对独立的权责一致的预算主体。“分灶吃饭”的管理体制开始初步形成。根据党的十二届三中全会精神,国务院决定从1985年起实行“划分税种、核定收支、分级包干”的财政管理体制,试图在划分税种的基础上实行财政包干的方式,理顺中央和地方财政关系。1988年为配合企业承包责任制的推行,又将承包机制引入预算管理,实行包括定额补助办法、总额分成办法、总额分成加增长分成办法、收入递增包干办法、上解额递增包干办法等多种形式的“大包干”的财政体制。

1. 财政包干体制的特点

作为改革开放后实施了一段时间的一种财政体制,财政包干体制具有如下特征:

(1)对中央政府和地方政府的收支范围加以明确划分。根据财政收入的性质和企事业单位的隶属关系,把国家财政收入分为中央固定收入、地方固定收入、中央与地方分成收入三大类,同时还进一步界定了中央和地方以及中央、地方分成收入的种类。中央固定收入包括央企收入、关税收入和其他收入这几类;地方的固定收入包括地方所属企业收入、农牧业税、盐税、工商税和其他收入等种类。属中央与地方调剂分成的收入有:各地划给中央部门集中管理的企业收入,80%划给中央财政,20%划给地方财政;工商税收是中央地方调剂分成收入,其分成比例则根据各地具体收支情况来确定。根据企事业单位的行政隶属关系来确定财政支出:中央直接管理的企事业单位由中央财政预算支出;地方管理的企事业单位由地方财政预算安排支出。中央财政还设置了预算执行中解决特殊问题的资金,如基本建设专项拨款、特大自然灾害救济费、边境建设事业补助费等。

(2)收入分成上加大了对超额部分地方政府的分成。这种多收多留的机制能够激励和调动地方政府的积极性。将预算和地方政府相结合,增强了地方财政的积极性和自主性,同时保证了全国财政收入的持续增长。

2. 财政包干体制的成效

财政包干体制的实行,取得一定的成就,主要包括:

(1)在特定时期优化了各级政府间财政关系,一定程度上调动了地方政府的自主性和积极性。财政包干体制实行"分级包干""一定五年不变"政策。"分级包干"明确界定了中央和地方之间的财政关系,中央从地方获取的财政收入以及中央财政对地方的补助逐渐走向规范化和制度化。"五年不变"使中央和地方的财政关系相对稳定。各级政府在按比例上缴财政收入后有了较稳定的财政收入,极大地调动了各级政府的积极性和自主性。

(2)提高了各级政府资金使用效率,加强了财政管理。各级政府按比例上缴财政收入后多收多支,自求平衡。财政包干体制规定各级财政以收定支,分级包干,自求平衡。这将各级财政收支、责任与利益紧密地联系起来。财政包干加大了各级政府财政收支平衡的压力,同时增加了其抓收节支的动力。各级政府和财政部门必然注重提高财政资金的使用效率,并加强财政管理。

(3)对税种进行了初步划分,为后来的分税制改革奠定了基础。① 如上所述,1985 年的财政包干体制有个重要内容就是划分税种。这一改革划分了中央和地方政府的收支范围,同时还划定了中央固定收入、地方固定收入以及中央和地方共享的税种。尽管这样的税种划分还不够细化和规范,但却是对前五年财政包干体制实践的经验总结,并为向分级分税预算体制的过渡提供了一些经验和基础。

3. 财政包干体制的问题

财政包干体制稳定了中央财政收入,并在一定程度上增强了地方财政的自主性和积极性,随着经济体制改革的不断深化,财政包干体制也出现了一些问题:

(1)中央的宏观调控能力被削弱。王绍光、胡鞍钢的《中国国家能力报告》这一产生很大学术和社会影响的著作对此有充分分析,他们论证指出,20 世纪 80 年代的这些财政方面的改革,使中央政府的财政汲取能力、宏观调控能力等国家能力明显降低。② 由于在收入分成方面加大了超额部分地方政府的分成比例,使财政收入的大部分增量都留给了地方。这一方面使得对财政资金负有引导和约束责任的中央财政的调控能力减弱,另一方面地方的财政收入逐渐增多,但自我约束机制不健全,财政资金运行缺乏必要的监督和约束,容易出现违规和腐败现象。

(2)财权与事权的不统一,导致包干落实不力。由于我国行政体制改革有待加强和完善,中央与地方财权的划分先于中央和地方政府职能的划分,这造成政治上的统一与财政上分权的矛盾。财政上有分权,但事权上的划分却不明确,由此导致中央与地方事权方面经常出现纷争、推诿。我国行政事业单位公职人员的工资待遇、福利政策由中央统一制定,但财政包干体制却把增支

① 秦凤翔:《论财政包干体制及其改革》,《学术交流》1990 年第 3 期。

② 参见王绍光、胡鞍钢:《中国国家能力报告》,沈阳:辽宁人民出版社 1993 年版。

减收的任务压给了地方，这无疑大大增加了地方政府的支出压力。但是另一方面，地方基于自身利益考虑则会千方百计从中央的收入中挖走一块，比如一些收入须上缴的地方政府就采用对企业减税让利的办法，藏富于企业，当地方需要资金时再向企业集资、摊派。而那些补贴地区则重视"跑部钱进"，绞尽脑汁争取中央的专项拨款。财权与事权划分的不科学、不统一既引起了中央地方间的财力争夺战，也造成财政包干落实不彻底。

(3)收支划分不科学，影响经济发展。财政包干体制是在划分税种的基础上来确定中央和地方财政收入的，但是税种划分又不够细化和规范，运行中总有难题和漏洞，实践中还是用总额分成的办法，把地方固定收入和中央地方共享收入结合在一起来确定中央与地方的分成比例。这一改革实际上还是未能从根本上改变按照企业的行政隶属关系来划分中央地方收入的方法，这必然使中央和地方对隶属于自己的企业给予优待而对不属于自己的企业产生一定的歧视或另眼相待。一些地方政府出于自身财政利益的考虑，对隶属于自己的企业给予特殊照顾，从而加强了对企业生产经营的行政干预；同时又热衷于把大量资金投入到那些投资少、见效快的"短、平、快"项目上，例如兴办小酒厂、纺织厂、烟厂，引进电视机、电冰箱等生产线。这种追求短期见效益的政府投资行为，加剧和恶化了投资膨胀，造成了大量重复建设，导致产业结构的不合理。也正因为这样，在财政包干体制下要调整和优化产业结构必然是困难重重、阻力重重。此外，还有一个很不好的消极后果，那就是地方政府为了本地区的经济利益，对本地区的企业采取保护主义政策，以简单粗糙的行政手段竭力干预和控制本地市场，不让本地原材料外流、不让外地商品在本地销售，地方保护主义公然大行其道，导致人为的地区经济封锁和经济割据，严重妨碍全国统一大市场的形成，对国民经济的稳定、健康、协调发展带来很大的消极影响。

（二）分级分税预算管理体制（1993—1998 年）

1992 年 10 月召开的党的第十四次全国代表大会明确提出了建立社会主

义市场经济体制的经济体制改革目标。经济体制的转变必然要求财政体制的变革。为了建立与社会主义市场经济相适应的公共财政体制,我国开始对传统的预算制度进行改革。

财政包干制度广受批评的诸多缺陷,也说明了这一体制不再适合我国经济社会的发展,亟须改革。1993 年 7 月 23 日,时任国务院副总理的朱镕基在全国财政会议上首次正式提出分税制的想法,一个多月后,分税制改革的第一个方案出台。1993 年 11 月召开的党的十四届三中全会通过了《关于建立社会主义市场经济体制若干问题的决定》,其中最突出的一个重大改革是实行分税制,理顺中央和地方的关系。1994 年我国从实际国情出发,借鉴市场经济发达国家的分级预算体制,开始实行分税制改革,初步形成具有中国特色的多级预算体制。

1. 分级分税预算管理体制改革的主要内容

这一改革的主要内容包括:

(1)一级政府,一级预算,各级政府预算相对独立且自求平衡。分级预算体制也是多级预算体制,全国人大只负责审查批准中央预算,地方各级政府的预算由相应的各级人民代表大会审批,各级预算相对独立。本级税收、本级服务收入和中央补助组成地方预算经常收入,允许向银行借款或发行地方债券,以自求平衡。

(2)明确划分政府事权和财权,各级预算职责(财权)范围以其政府职责(事权)范围为依据。分税制改革明确中央预算须承担国防费、行政费、社会福利、社会保障以及发展经济等费用,而地方则承担文教、卫生保健和市政建设为主的费用,各级政府的投资职责也有明确的分工。

(3)预算收入划分实行分税制。预算收入被分为中央预算收入、地方预算收入、中央和地方预算共享收入。中央预算收入在划分比例上占主导地位,以保证中央政府的宏观调控能力。各级政府都有本级的主体税种,大宗税种收入归中央预算，如关税、所得税等，而收入弹性小的财产税、销售税归地方，如营业税等。中央和地方政府在一些税种上实行分成或共享制，即属于中央的税种按一定比例分给地方，如增值税75%归中央、25%归地方，或地方税种按一定比例分给中央、双方共享。

(4)实行预算调节制度，即转移支付制度。转移支付制度是因为中央和地方财政间的纵向不平衡和各区域间的横向不平衡而产生和发展起来的，是国家为实现区域间社会经济的协调发展采取的重要财政政策，其核心是各级政府之间在既定的职责、支出责任和税收划分基础上，实行财政资金的相互转移，具体来说有纵向调节和横向调节两种形式。其中纵向调节的基本制度是补助金制度，即由中央征收国税，对地方给以补助，实行双向调节。补助金有无条件补助、有条件补助和专项补助等几种。横向调节由预算收入较好的地方政府与预算收入欠佳的地方政府实行互助式调节，不再通过中央预算。

2. 分级分税预算管理体制改革的成效

从实践效果来看，分税制改革成效明显，基本达到了政策设计的目标。

(1)中央层面实现"两个比重"稳步提升。通过税收制度的调整提高了"两个比重"，即税收占GDP的比重、中央财政占整个财政收入的比重，中央宏观调控能力得到增强，制度层面保证了中央财政收入的稳定增长。①

(2)在一定程度上兼顾了效率和公平，转移支付制度有效缓解了地区间财力差距。由于我国各地经济水平、自然环境及资源等差异较大，各地政府财力不可避免会存在这样那样的差距。分税制改革后中央财力的增加、中央宏观调控能力的增强，建立转移支付制度有了现实可能。转移支付制度的建立兼顾了公平和效率，协调了地方各级政府间的财力关系，既激发了发达地区发展本地经济的积极性、主动性，另一方面也有效地支持了欠发达地区的经济发

---

①　朱俊福:《分税制改革20年的成就、问题、未来取向》,《税务研究》2014年第10期。

展和社会发展,促进了区域间经济协调发展。

(3)有效地推动了全国统一大市场的形成。20 世纪 80 年代实行的国有企业承包制和大包干财政体制,尽管在一定程度上调动了各地区发展经济、增加财政收入的积极性,但是却也造成了地方保护主义和地区间的相互排斥。各地争相发展价高税多的行业,致使烟酒等价高税多的行业产能严重过剩,背离了市场经济建立统一市场的要求。分税制改革按照税种来确定中央与地方财政收入,取消了财政包干制,取消了企业隶属关系和财政收入的关联,从而有助于消除地方保护主义,推动了全国统一市场的建立。

二　现代公共预算制度的构建

改革开放以后,以市场经济为导向的经济体制改革大大削弱了计划经济体制的支配性地位,原来的以计划为主导的预算资金配置体制逐步走向衰落。但 20 世纪 80 年代至 1998 年,财税改革的重点还是在财政收入方面,包括重新建立政府债务体系、税收体系,以及改革国家与国有企业之间的分配关系、中央和地方收入分配关系,此时我国还没有将财政改革的重点转移到支出上来,没有进行预算改革。① 正如著名预算研究专家马骏所说的,由于这一时期财政改革主要还是集中在财政收入方面,所以并没有建立一个有效的预算管理体制来填补计划体制衰落后留下的预算管理真空②。这种模式存在以下一些问题:(1)人大的预算审批权和监督权未能够较好落实。尽管《宪法》和《预算法》都明确规定了人大拥有审批和监督政府预算的权力。但是,由于资金分配权被各个部门肢解,预算外资金膨胀等预算体制的缺陷,人大实际上很难有效发挥预算监督约束的职能。(2)政府预算资金分散,政府难以全面配置

① 彭健:《中国公共预算制度:演进轨迹与发展取向》,《中州学刊》2012 年第 5 期。

② 马骏:《治国与理财:公共预算与国家建设》,北京:生活 · 读书 · 新知三联书店 2011 年版,第 278 页。

预算资源。资金分散主要表现为：预算资金余额分散在各个部门的商业银行账户里，没有一个单一账户，各部门普遍存在小金库的问题；预算支出分散，各部门直接通过自己在各商业银行开通的账户购买商品和服务，致使政府采购极其分散。(3)政府内部的财政监督控制疲软。预算改革前政府预算会计真可谓条块分割：有三套体系即行政单位会计、事业单位会计和代表政府整体的总预算会计，它们分别对应不同的财政交易，结果在多头控制下财政部门无法获得行政单位和事业单位内部财政交易的详细信息，当然也就难以对发生在支出周期各个阶段的财政交易进行会计记录和集中监管。因此财政腐败的出现也就不难理解了。

随着市场经济体制改革的逐渐深入和政府职能的转变，我国预算制度改革也进入了全面深化阶段，我国的预算制度开始逐步演变为现代公共预算制度。

（一）1999 年后预算改革的主要内容

1999 年我国开始按照现代公共预算制度的要求，逐步推行了以重塑预算编制和执行过程为目标的预算改革。为实现这一目标，主要进行了以下几个方面的改革：

1. 部门预算改革

部门预算改革强调政府预算以部门为基础进行编制。1999 年 7 月 24 日，财政部向国务院报送了《关于落实全国人大常委会意见改进和规范预算管理工作的请示》，经国务院批准，财政部在广泛征求部门意见的基础上，提出了《关于改进 2000 年中央预算编制的意见》，从 2000 年起正式在教育部、农业部、科技部及劳动与社会保障部等部门进行部门预算改革的试点。部门预算改革力图解决财政性资金的分配问题，综合反映部门预算及部门所属单位的全部财政资金收支状况并对预算编制加以细化和精确化。改革之前预算编制采用的是基数预算方法，该方法是一种在编制预算时以上一年的支出为基数，并适当考虑支出的一定增长比例来分配资金的方法。部门预算改革后，对预算编制采用零基预算、滚动预算等方法。总体而言，部门预算改革的主要内容有：(1)改革预算编制方法，采用一个部门一本预算的方法，要求各个部门的预算报表应该包含部门的全部收支状况，改变了条块分割、零碎化的预算资金管理模式，首次将预算内、预算外资金统一纳入部门预算管理；(2)延长预算编制的周期，并将预算编制时间提前了一至两个月；(3)增加预算的覆盖面。一方面预算内财政收支的覆盖面更加广泛，预算资金的流向也一改原来的粗线条笼统打包方式，而是开始明确到具体的单位和具体的项目，另一方面要求编制预算的部门增加；(4)强化了公共预算观念和预算审批的流程。

部门预算改革的实行对于完善公共预算管理具有重要的意义：(1)预算编制方法更科学。弃用原来的基数预算方法，改用定员定额和项目库的方式来编制预算。定员定额是在进行部门基本支出预算编制时，以部门编制来确定人员，对部门人均公务费用进行定额，来安排部门运行的预算支出。(2)采用一个部门一本预算、自下而上进行预算的编制方式，预算细化有了很大进展，细化到了具体部门和项目，改变了之前按类、款、项粗糙宽泛编制预算的方法，更加科学合理。(3)实行"收支两条线"管理，逐步将预算外收入也纳入到预算管理中，有助于发挥预算的全面统筹分配功能和对预算执行的审计。(4)规范了中央部门预算编制的流程，建立起中央部门预算编制的整体框架，提高了中央部门预算编制的科学性和规范性。

2. 国库集中收付改革

1999年预算改革之前，在政府内部，预算权力结构极度"碎片化"。[①] 预算碎片化削弱了中央对预算的宏观调控能力，降低了预算资金的使用效率，还

---

① 马骏：《治国与理财：公共预算与国家建设》，北京：生活·读书·新知三联书店2011年版，第279页。

加大了预算执行审计的难度，使预算执行缺乏监督，预算资金违纪违规使用的情况频发。在部门预算改革基础上，中央政府于 2001 年实施国库集中收付支付制度改革，即建立一个以国库单一账户为核心的集中型国库管理体制。到 2005 年，中央一级国库单一账户制度在所有政府部门全面推开，地方国库管理制度改革也在有条不紊地推进。国库集中收付改革的目的，是确定部门预算，确保严格规范预算执行，提高财政资金的使用效益。改革后，政府部门建立起一个以单一账户为核心的集中型国库管理体制来取代分散型财政管理体制，由财政部门对政府各个部门的支出活动和决策进行控制，确保财政资金运行的高效、安全。

国库集中收付改革，对于健全公共预算体系、强化预算管理发挥了十分积极的作用。(1)规范了财政资金的下拨渠道，预算执行得到加强。之前的国库支付管理，财政资金拨付渠道要经过层层单位的审批下拨到下级单位，环节多、资金流转时间长且效率低下，资金很容易被上级预算单位截留或挪用，损害国家的利益。国库集中收付制度将所有的政府预算资金统一放在国库的单一账号里，强化了对财政资金预算分配、拨付到使用过程的监督、控制，减少了一些部门接触预算资金的机会，降低了部门违规违纪使用预算资金的可能性，大大减少了资金拨付渠道和环节，加强了预算部门对预算资金的调配和监管。(2)减轻了国家财政负担，有利于财政部门审时度势做出准确判断。国库集中支付实现了单位用款与资金拨付的分离，单位结余与实际资金结余分列不同账户，财政总预算支出与单位支出同时形成，财政总预算支出能够真实全面地反映财政资金的实际支出，使财政部门能够对财经形势做出科学的准确的判断。

3. 政府采购改革

政府采购制度是发达国家公共支出管理的一项重要制度，是指以公开招标、投标为主要方式选择供应商（厂商），从国内外市场上为政府部门或所属团体购买商品、服务或工程的一种管理制度。它特别注重采购的竞争性、公开性、公正性，公平竞争被认为是政府采购制度的基石。我国 1996 年开始在上海、河北、深圳等地进行政府集中采购改革试点。2003 年 1 月 1 日《政府采购法》正式实施，我国的政府采购改革由此转向全面推行阶段，政府采购也有了明确的法律规范。推行政府采购改革，其目的是要在国库集中管理体制的基础上，建立一个集中的、透明的、公正的政府采购制度，以解决财政性资金在公共采购中出现的腐败和低效等问题。传统分散型的政府采购弊端较大，政府难以有效监管与控制，造成低效率、财政腐败、浪费等一系列问题。政府集中采购建立后，政府采购范围不断扩大，从通用类向专用类、民生类、公共服务类等项目扩展；政府采购规模也不断增加，由 2002 年的 1009.6 亿元增加到 2011 年的 11332.5 亿元。① 政府集中采购的全面推行强化了对采购资金的统一监管与控制，减少了分散型采购模式下财政资金的浪费和滥用，有助于提高预算资金使用效率、节约预算资金，提高了财政资金使用透明度，一定程度上减少了财政腐败的发生。

4. 政府收支分类改革

政府收支分类改革就是要参照国际通行做法，构建适应社会主义市场经济公共财政管理要求的新的政府收支分类体系。我国之前的政府预算收支科目分类方法是参照苏联模式确定的，虽做过一些调整，但基本分类方法与市场经济国家存在较大差别。为准确、完整反映政府收支活动，加强预算监督，规范预算管理，建立一套符合我国国情的规范合理的政府收支分类体系，2004 年财政部完成了新《政府收支分类改革方案》的前期工作。2005 年 3 月，在中纪委、科技部、水利部等中央部委和天津、河北、湖南、湖北等省进行试点，并于 2007 年 1 月 1 日起在全国范围内正式实施。改革后的政府收支分类由“收入

① 王珅等：《全国政府采购规模 10 年激增 10 倍合理吗?》，《中国财经报》2012 年 7 月 18 日。

分类”“支出功能分类”和“支出经济分类”组成，并对三种分类分别作了细致的划分。

（二）新《预算法》的出台

《中华人民共和国预算法》1994 年 3 月 22 日由第八届全国人民代表大会第二次会议通过，并于 1995 年 1 月 1 日起施行。《预算法》实施后在加强国家宏观调控、规范对政府预算的管理、实现依法理财、保障经济和社会发展等方面发挥了重要作用。但随着经济体制改革的深入，《预算法》在预算编制、监督、执行、公开等诸多方面缺乏明确而严格细致的规定，已经不能适应经济社会的发展。2004 年《预算法》修订被列入第十届全国人民代表大会常务委员会立法规划，全国人大常委会预算工委成立《预算法》修改起草领导小组和工作小组，启动《预算法》修改工作。此后《预算法》的修改分别在 2009 年和 2013 年被列入第十一届、十二届全国人民代表大会常务委员会立法规划。财税体制改革要求 2016 年基本完成重点工作和任务，2020 年基本建立现代财政制度。2014 年 8 月 31 日，第十二届全国人民代表大会常务委员会第十次会议通过了《全国人民代表大会常务委员会关于修改〈中华人民共和国预算法〉的决定》，新《预算法》通过，并于 2015 年 1 月 1 日起施行。

新《预算法》较好地总结了 1994 年《预算法》实施 20 年来的实践经验，并根据新形势下加强和优化预算管理的需要，在诸多方面有突破性的改革，是我国公共预算改革的重大进展。

第一，构建了全口径预算体系。随着政府职能的不断扩展，政府收支活动的复杂性增加，对传统预算产生了挑战。政府收支未能全部纳入预算中，还存在大量预算外资金及对纳入预算的政府收支的管理和监控缺位，成为完善我国政府预算体系的障碍。因此，2003 年 10 月党的十六届三中全会提出了实行“全口径预算”的目标。全口径预算把政府的所有收支都纳入统一管理（包括预算外政府收支），是将所有的财政资金收支都纳入统一管理体系的制度框架。新《预算法》确立了一般公共财政预算(一般预算,包括中央政府预算和地方政府预算)、政府性基金预算(各级政府及所属部门根据法律法规规定,向公民、法人或其他组织无偿征收的为了支持某项事业发展的专项用途财政资金)、国有资本经营预算和社会保险基金预算四位一体的全口径预算体系,并对四种预算的概念、编制原则、范围、相互关系进行了规范界定。同时,按照一级政府一级预算的原则确定了中央、省、市、县、乡各级政府各级预算的预算体系,预算范围延伸到乡级预算。

第二,健全和完善了预算公开制度。我国预算制度在实践中暴露出了诸多问题,如预算公开不够透明,预算资金使用不够规范合理,滥用甚至腐败现象普遍存在,如"三公"经费高、乱建豪华馆所等等,财政收入无法真正落到实处。新《预算法》对各级政府及各部门做好预决算公开工作做出了详细规定。在公开的内容方面,明确规定包括经本级人大或常委会批准的预算、预算调整、决算、预算执行情况的报告及报表,经本级政府财政部门批复的预算、决算及报表,各级政府、各部门、各单位进行政府采购的情况,以及对预算执行和其他财政收支的审计工作报告。公开政府预算、决算时,要求本级政府对财政转移支付安排执行情况及举债的情况等重要事项做出说明;公开部门预算、决算时,应当对部门预算、决算中机关运行经费的安排、使用情况做出说明。新《预算法》对公开的时间也有明确规定,即限制在有关部门批准后的 20 日以内。新《预算法》建立起了较完善的预决算公开透明制度,对政府预算公开的内容、主体、时间、责任等都做了比较明晰、具体的规定,构建了预决算公开的法律框架,是推进预决算公开、提高预决算透明度的有力法律武器。

第三,建立了跨年度的预算平衡机制,加强了预算收支管理。1994 年《预算法》要求各级政府预算做到收支平衡,超支不补,结余自留。这一定程度上解决了地方政府财政赤字的问题,但可能出现人为调节预算收支或虚列支出的问题,不利于中央加强对预算资金的调控和监督。为适应经济发展,加强对预算资金的管理,提高宏观调控能力,新《预算法》规定,"各级政府应当建立跨年度预算平衡机制”,“各级一般公共预算按照国务院的规定可以设置预算稳定调节基金,用于本级政府调剂预算年度内季节性收支差额”;当年预算收入小于支出,不要求强行达到收支平衡,可列赤字,并通过跨年度预算进行补足;当收入大于支出时,可留至下年使用。跨年度预算平衡机制将有效规范收入征收,使征税管理更符合经济发展规律,征税不随经济状况的改变而随意改变。新《预算法》同时也完善了一般公共预算指出的分类,规范了预算支出。

第四,完善了转移支付制度,加强对转移支付的管理。转移支付作为一种财政资金转移或财政平衡制度,对于解决地区间经济发展的不平衡和政府财力分配的不均衡有积极的意义。但是该制度实施过程中却存在转移支付设置过多,转移支付不够及时等问题。新修订的《预算法》对财政转移支付制度做出了新规定,要求转移支付应当规范、公平、公开,以推进地区间基本公共服务均等化为主要目标;并且明确规定了中央和地方各级政府之间一般性转移支付和专项转移支付的正式下达时限,还规定了专项转移支付定期评估和退出机制等制度。这些规定很有针对性和可操作性,大大完善了转移支付制度,规范和加强了转移支付管理,能够在一定程度上减少“跑部钱进”现象。

第五,规范地方政府债务管理,严控债务风险。旧《预算法》规定地方政府不得在未经法律或国务院规定允许下发行地方政府债券。但多年来中央财政资金供给不足,地方政府面对上级的考核标准和发展经济的需要不得不举债,地方债务不断扩大。新《预算法》修订后,地方政府拥有了适度举债权,并从债务主体、用途、规模、方式及风险等五个方面对地方政府债务做出了明确规定:经国务院批准的省、自治区、直辖市的预算中必需的建设投资的部分资金,可以在国务院确定的限额内,通过发行地方政府债券举借债务的方式筹措;举借债务的规模,由国务院报全国人民代表大会或者全国人民代表大会常务委员会批准;省、自治区、直辖市依照国务院下达的限额举借的债务,列入本级预算调整方案,报本级人民代表大会常务委员会批准;举借的债务应当有偿还计划和稳定的偿还资金来源,只能用于公益性资本支出,不得用于经常性支出;除法律另有规定外,地方政府及其所属部门不得为任何单位和个人的债务以任何方式提供担保;由国务院建立地方政府债务风险评估和预警机制、应急处置机制以及责任追究制度,国务院财政部门对地方政府债务实施监督;等等。

为了与新《预算法》相适应,2014 年 10 月 8 日,《国务院关于深化预算管理制度改革的决定》发布,强调全面深化预算管理制度改革,要求抓好以下各项工作:(1)完善政府预算体系,积极推进预算公开;(2)改进预算管理和控制,建立跨年度预算平衡机制;(3)加强财政收入管理,清理规范税收优惠政策;(4)优化财政支出结构,加强结转结余资金管理;(5)加强预算执行管理,提高财政支出绩效;(6)规范地方政府债务管理,防范化解财政风险;(7)规范理财行为,严肃财经纪律。《国务院关于深化预算管理制度改革的决定》的发布,进一步推进了公共预算改革,我国现代公共预算制度初步确立。

第四章　基于《检察日报》报道案例和审计工作报告的预算违规分析

深化公共预算改革是治理腐败的必由之路。要通过深化预算改革来治理腐败，首先就要对我国公共预算制度的腐败漏洞和隐患进行考察，这方面已有一些文献作了分析，指出我国公共预算制度确实还存在不少腐败漏洞和隐患①，如：还有大量收入没有纳入预算管理，存在大量的预算外资金、制度外资金；预算的编制比较简单、粗糙，特别是没有细化；对预算的审议和批准流于形式；预算执行方面弹性大、随意性大；预算公开存在较大问题，预算透明度较差；预算监督机制运转不畅、力度不强，对预算违法违规的问责与查处偏软。这里我们将不重复学界对预算腐败隐患的抽象的理论探讨，而是想通过对《检察日报》报道的腐败案例和关于中央预算执行及其他财政开支的审计报告的分析，从实证的角度来分析现实中与预算管理相关的腐败案例或预算违规案例所暴露出的腐败隐患和制度漏洞。

一　基于《检察日报》报道案例的预算腐败分析

选择《检察日报》所报道的腐败案例进行分析，主要原因有两个：第一，权

① 李一帆：《现行财政体制的腐败隐患》，《瞭望新闻周刊》2005 年第 7 期。

威性和可靠性。在我们所处的这个被称为“信息爆炸”的时代,由于腐败是社会公众关注的热门话题,各种媒体披露的腐败案例是非常多的,为了保证权威性和可靠性,我们选择《检察日报》报道的案例进行分析。

我们系统整理了《检察日报》2003—2012年这十年间所报道的腐败案件,建立数据库进行分析①。因此,我们认为相关数据是可靠的。

(一)案例总体情况

2003年到2012年这十年期间,《检察日报》所报道的腐败案例共计1291个(见表4-1)。从分年度统计来看,2005年报道的案例数最多,达到了207个。案例数相对较少的年份是2007年和2008年,这两年案例数分别为100个、97个。其他年份的腐败案例数量基本在120到145个之间。平均算来每年报道的腐败案例数为129个。

表4-1 2003—2012年《检察日报》腐败案例报道汇总

(单位:个)

年 份	2003	2004	2005	2006	2007	2008	2009	2010	2011	2012	合计
案例数(个)	126	145	207	108	100	97	133	123	117	135	1291

从腐败案件的类型来看,包括了贪污、受贿、挪用公款、巨额财产来源不明、玩忽职守、滥用职权等几大类。各类案件的具体数据见表4-2。从中可以看出,受贿罪的腐败案数量最多,占比达58%;其次是巨额财产来源不明罪,占比为11%;再次是贪污罪,占比为10%。需说明的是许多案例存在受贿罪、贪污罪、巨额财产来源不明罪等数罪并罚的情况,在统计时按涉及类型分别计算。

① 本节所涉案例库由本人主持构建,但大部分资料搜集、整理工作由本人指导的研究生潘文艺完成,特此说明并致谢。具体参见潘文艺:《基于〈检察日报〉案例的公共预算改革推进廉洁政府建设研究》,湖南大学硕士学位论文,2013年。

表 4-2　腐败案件类型

（单位:个）

年　份	2003	2004	2005	2006	2007	2008	2009	2010	2011	2012	合计
受　贿	113	111	140	86	79	83	112	105	101	116	1046
贪　污	15	35	21	16	8	17	17	14	20	24	187
玩忽职守	6	8	16	4	3	3	2	5	9	11	67
挪用公款	14	21	25	9	2	7	8	13	8	14	121
滥用职权	5	13	13	8	11	9	15	12	9	6	101
巨额财产来源不明	16	33	24	24	17	12	16	14	18	21	195
其　他	9	7	11	5	3	3	7	8	6	7	66

从涉案金额看,这些案例所涉及的金额大都比较高。从表 4-3 可以看出,涉案金额在 10 万—100 万元的案例数量最多,达到了 487 个,占比达 46%;涉案金额在 100 万—1000 万元的案例总计达 398 个,占比为 37%;涉案金额在 1000 万元以上的腐败案例以及 10 万元以下的案例数量相对较少,所占比例分别为 8%和 9%。需要说明的是,大部分报道对涉案的金额进行了说明,但也有小部分腐败案例报道中没有说明涉案金额。

表 4-3　涉案金额

（单位:个）

年　份	2003	2004	2005	2006	2007	2008	2009	2010	2011	2012	合计
10 万元以下	14	10	21	6	5	7	9	11	6	10	99
10 万—100 万元	55	56	82	34	35	36	51	49	37	52	487
100 万—1000 万元	30	38	57	35	33	34	43	47	36	45	398
1000 万以上	6	8	17	10	3	6	9	11	9	10	89

从所受刑罚看(见表4-4),被判处10年及10年以上有期徒刑的最多,案例数达424个,占比达38%;其次是仅仅提到被诉或受审的腐败案例①,总计350个,占比为31%;再次是被判处10年以下有期徒刑的案例数,总计为172个,占比15%。被判处无期徒刑的案例以及死缓或者死刑的案例分别为95个、89个,各占总数的8%左右。

表4-4　惩处情况

(单位:个)

年　份	2003	2004	2005	2006	2007	2008	2009	2010	2011	2012	合计
被诉或受审	23	41	63	31	35	22	35	31	29	40	350
10年以下有期徒刑	19	23	25	14	15	14	14	16	15	17	172
10年及以上有期徒刑	48	36	41	37	35	33	57	45	44	48	424
无期徒刑	20	8	14	8	3	3	11	9	10	9	95
死缓或死刑	6	10	16	5	5	15	7	9	7	9	89

(二)预算腐败案例总体分析

1.预算腐败案例类型及特点

为了表述的方便,这里把涉及预算管理、预算资金使用过程中出现的腐败称为预算腐败。预算腐败犯罪主要可分为贪污公款类犯罪、挪用公款类犯罪、公款行贿类犯罪、滥用财政职权类犯罪及其他类型。各类犯罪的主要表现归纳如下:

贪污公款类犯罪:包括将公款存入个人账户占为己有,侵吞专项财政资金(如公路工程款、救灾救济款、征地补偿款、畜牧疾病防治资金等),虚报经费

① 部分报道仅说明犯罪嫌疑人被起诉而没有报道其所受刑罚,或者是仅报道因腐败行为受审而没有涉及具体刑罚。

（如出国考察经费、办公经费等），骗取国家拆迁补偿款，私分国有资产，私设账外账和“小金库”，单位收入不入账等具体犯罪行为。

挪用公款类犯罪：转移挪用或挤占财政资金，主要包括非法挪用公款转借他人，非法挪用公款用于营利性经营或投资，等等。

公款行贿类犯罪：个人或单位用公款请客送礼，给领导或上级单位送钱、送物等。

滥用财政职权类犯罪：违法对贷款进行担保，违规批准财政预算外拨款，滥用分税拨款权，虚报多领预算资金（如虚开工程款发票、虚开土地补偿款单据、虚开增值税发票、销毁会计凭证），乱收费等行为。

其他：将单位存款用于抵押、质押担保获取“银行贷款”，非法报销个人开销（如个人轿车维修费、私人电话费等），参与其他经济违法活动等。

具体来看，各年份预算腐败案件数统计见表 4-5：

表 4-5　各年份预算腐败案例

（单位：个）

年　份	2003	2004	2005	2006	2007	2008	2009	2010	2011	2012	合计
案例数（个）	27	29	35	19	22	19	21	25	22	27	246

预算腐败案例总计 246 个，占所报道的腐败案例总数的 19%。其中贪污公款类犯罪案例最多，达 121 个，约占预算腐败案例的 49%，影响较大的案例有新疆维吾尔自治区哈密市黄金局原局长李某贪污公款案，涉案金额 121.8 万余元；陕西省西安市阎良区原副区长仵某涉嫌贪污建设资金案，涉案金额 25 万元；原国内贸易部国际合作司副司长陆某虚开票据贪污公款案，涉案金额 55 万元；河南漯河市源汇区原区委常委、区委办公室主任李某涉嫌贪污征地款案，涉案金额 340 万元；等等。

挪用公款类犯罪案例有 118 个（同一案例中涉嫌贪污、挪用公款等犯罪的都分别计算），约占预算腐败案例的 48%。影响较大的案例有：宁夏回族自治区中宁县财政局原副局长徐某挪用公款炒股案,涉案金额67万余元;江苏省启东市原副市长秦某挪用公款借给他人用于营利活动,涉案金额1360万元;山西省乡镇企业管理局原局长啜某涉嫌挪用公款案,涉案金额297万元;海南省洋浦经济开发区新英湾办事处原主任王某假借项目融资、招商接待等借支公款、挪用公款案,涉案金额176.2万余元;湖北省政府驻北京办事处经协处原副处长、北京京鄂经济技术发展中心原总经理饶某挪用公款赌博案,涉案金额814万元;等等。

公款行贿类犯罪、滥用财政职权类犯罪和其他涉及预算腐败的案例很少以单独罪行出现,而是大多重合出现在贪污犯罪案例或挪用公款犯罪案例中。其中影响较大的案例有:重庆市江北区财政局原局长李某违规以贷款担保等形式涉嫌玩忽职守、滥用职权、贪污、受贿、挪用公款案,涉案金额3035万元;四川省成都市金牛区原副区长马某涉嫌挪用公款、贪污、故意销毁会计凭证案,涉案金额6100万元;重庆市江北区原副区长李某涉嫌非法吸收公众存款、玩忽职守案,涉案金额2000万元;等等。

分析这些预算腐败案例,可以看出,它们涉及类型广泛,但主要是个人作案,只有少部分案例涉及多人或单位集体犯罪;作案手段通常比较隐蔽,但也有个别腐败分子明目张胆,胆大妄为;许多案例涉案金额巨大,部分案例则牵出其他大案要案。

2. 案例显示的腐败隐患分析

上述预算腐败案例基本都发生在预算执行环节。这些案件的发生,固然和作案者个人的思想道德素质有关,但更主要的原因在于公共预算制度不完善,存在许多腐败隐患和漏洞。这些腐败隐患和漏洞主要包括以下几个方面:

(1)预算外资金的存在。按照现代公共预算的要求,政府所有财政收入与支出都应该纳入预算,预算的集中、统一是现代公共预算的基本特点和要求。在我国存在为数不小的没有纳入预算管理的预算外资金,滋生了相当数量的游离于预算监管之外的“小金库”。如在 2009 年的“小金库”清理中,截止至当年 8 月底,全国共发现“小金库”5.8 万个,涉案金额 266.4 亿元。有媒体报道称,审计署有领导透露,1998 年至 2006 年上半年,全国各级审计机关共查出“小金库”资金(含挤占挪用)1406 亿元,每年平均超过 165 亿元,其中 2005 年审计机关查出的“小金库”资金竟高达 312 亿元之多,2006 年上半年也达到了 130 亿元。据该负责人推算,以审计机关审计覆盖面约为 20%计算,1998 年至 2006 年上半年期间,全国所有国家机关和国有企事业单位每年发生的“小金库”资金平均超过 800 亿元。① 国务院参事、北京市政协财经委员会副主任、中央财经大学税务学院副院长刘桓估算,“小金库”其实并不小,包括机关事业单位和国企在内,如以宽泛口径计算,我国每年发生的“小金库”资金总额或在 1000 亿元以上②。如此大量的资金,没有纳入预算管理,游离于人大甚至游离于政府及财政部门的监管之外,地方或单位领导可以随意支取,为贪污、挪用、公款行贿等腐败行为大开方便之门。我们的案例数据库中,涉及“小金库”的腐败为数不少。

(2)预算执行随意性大,弹性空间大。从法理上说,预算一经代议机关批准,就成为法律文件,不得随意改动。但在我国预算经人大批准后的执行过程往往变动会很大,实践中预算的变动往往由政府首长或财政部门决定。预算执行的这种弹性大、变通易的特点,是一个严重的腐败隐患。我们的数据库中,一些掌握财政拨款、分配权力的部门特别是财政部门中一些担任关键职务者的腐败,比如财政局长的腐败,就源于其手中巨大、灵活的财政资金审批权力。

(3)预算资金管理不严。在实践中,不少地方财政部门对预算资金进行

① 赵鹏:《全国“小金库”资金或超千亿 多用于单位发放津贴》,《京华时报》2014 年 8 月 11 日。

② 赵鹏:《全国“小金库”资金或超千亿 多用于单位发放津贴》,《京华时报》2014 年 8 月 11 日。

批复和拨款不及时,对专项经费的支出使用也常常不闻不问,一些政府机关和事业单位随意调整预算收支或预算科目,个别部门享有广泛的支出权力,甚至不需要通过正式的预算程序或财政部门的监督。资金批复下拨后未能统一进行分配管理,在涉及几个不同部门利益时,往往出现多头管理,预算资金安排重复、分配交错,部门间扯皮推诿,一些部门趁机虚报多领预算资金,如虚开票据、重复领款等。一些部门内部控制不严,资金管理制度不健全或者是不严格按照制度执行,从而为"硕鼠"们作案提供了机会,比如预算资金拨款及时或不及时,也可以成为腐败分子利用的手段。

(4)预算监督不力。一些部门、官员把预算分配来的资金视为自己的私有财产,接受监督的意识不强,甚至排斥监督。而审计、财政等部门的监督以及社会公众的监督由于种种原因也往往力不从心。这两方面互相作用,使得预算资金使用监督乏力。其直接后果是腐败行为难以发现,即使发现了也可能惩处不及时、处罚力度不大,甚至内部消化、处理不痛不痒,腐败的低风险又进一步刺激了其他人的腐败动机。在对案例数据库的分析中,我们发现一些案件中,掌握资金分配权力的部门一把手大权独揽,其他人不愿监督或者是想监督也监督不了,而外部的监督也往往是走过场,从而肆无忌惮,在腐败的道路上越走越远、涉案金额越来越大。

需要指出的是,我们构建的案例数据库中,预算腐败案例虽然没有直接涉及预算编制,但腐败的发生与预算编制其实是有密切联系的。

3. 典型案例分析

为了深化对预算腐败隐患的分析,我们选取一些典型案例加以考察。

(1)"小金库"类腐败

这方面我们选择两个案例加以分析。

案例一:原海南省住房制度改革办公室(后更名为海南省住房公积金管理中心,以下简称海南省房改办)在 1996 年至 2007 年期间违规挪用资金、私设“小金库”,致使国有资产损失近2000万元。[①] 经审计署审计,原海南省房改办存在住房资金面临损失及公款私存私放问题。1996年,原海南省房改办使用单位住房资金1004.8万元购买面值1000万元的记账式国债,为获取高息收益,将国债出借给海南省信托投资公司。2003年所购国债到期,但该公司经营不善已无力支付,截至2007年年底审计结束时,共计1603.38万元已面临损失。1997年3月至2002年2月,原海南省房改办将上述国债取得的票面外利息收入108.13万元存放于海南省信托投资公司开设的账户中,其余包括收取的评估费、承办银行赞助款、杂项收入等共165万元以现金方式存放于原海南省房改办。上述各项收入共计273.13万元未纳入单位财务统一核算,已构成“小金库”,且同样面临资金损失。

案例二:海南省海口市城管监察支队第四大队原大队长韩某指示该大队原办公室主任陈某以其个人名义在银行开设账户,私设“小金库”。该大队下属三个执法中队多次非法收受执法对象的财物,并且对给予赞助费的执法对象不管其行为有没有违法违章,一概不查,所收款项全部存入这个“小金库”。为了激发执法队员拉赞助款的热情,城管监察支队第四大队内部实行奖励机制,而发放奖金的多少则按照城管队员收取赞助款数额进行分配。从“小金库”设立到案发的七年时间里,共存入款项184.34万元,这其中除极少部分用于单位的开支外,大部分都用于奖励、吃喝、补贴或赞助其他单位,作为奖励分给个人的就有50.2万余元,以各种名义发的补助有41万余元。[②]

“小金库”是各种账外资金的俗称。按照1995年财政部等部门制定的《关于清理检查“小金库”的具体规定》《关于清理检查“小金库”的意见》等文件的规定,凡是违反国家财经法规及其他有关规定,侵占、截留国家和单位收入,未列入本单位财务会计部门账内或未纳入预算管理、私存私放的各项资金,均属“小金库”。现实中,“小金库”资金的主要来源基本是非法的,包括:

① 《原海南省房改办私设小金库被通报》,《检察日报》2009年6月7日。

② 《“小金库”已演变成腐败黑洞》,《检察日报》2009年6月2日。

以各种名义挪用、转移国家预算内或预算外收入;一些经济主管部门和监督部门侵占、截留罚没收入;截留销售收入、营业收入、营业外收入和其他收入;高价倒卖、非法牟取价差收入;违法或违规获得的收入,非法收受的回扣等。由此可以看出,党政机关和事业单位的“小金库”实际上是游离于公共预算之外的、违规的、体制外的收入。作为体制外收入,“小金库”资金来源渠道不正、支配使用无序,既会导致财政收入核算失真,也会因其使用的随意性,监管的空白性而成为腐败温床。设立“小金库”实质上是从公共财政的粮库里面“偷米”,是一种变相的贪污、挪用公款的行为。正因为其根源在于资金没有纳入预算监管,所以,要根治“小金库”,就必须搞好“大预算”,建立公共财政体系。只有把包括“小金库”资金在内的非税收入全部纳入“大预算”,才能彻底根治“小金库”①。此外,“小金库”也涉及预算合理和预算公开问题,也需要在这方面下力气来治理。

(2)涉及资金拨款、审批权的腐败案

这方面的典型案例是湖南省娄底市原副市长赵某特大职务犯罪案。《检察日报》对该案有详细报道。② 从 1995 年至 2002 年 5 月,赵某先后担任湖南省双峰县常务副县长、娄底市财政局长、娄底市副市长,在此期间,他利用职务之便,采取批准拨款、决定借款、发包工程、安排工作、调整职务等手段,为他人谋取利益,大肆索取和收受贿赂,其中索贿 201 万余元,受贿 660 万余元,共计收受贿赂 862 万余元,个人受贿数额在当时创湖南省查处的贪官受贿数额之最。特别是从 1996 年到 2001 年间,赵某滥用财政局长权力,先后违规给 138 个单位批准财政预算外追加拨款达 2151 万元,每次违规批准财政预算外追加拨款,他要从中收取 20%甚至 80%的回扣,在受贿总额 862 万余元中有 591.8 万余元是利用批准拨款的权力收受的。检察机关随后共立案侦查受贿、挪用公款、贪污、巨额财产来源不明和行贿犯罪嫌疑人达 43 名,为国家挽回直接经

① 蒋熙辉:《根治“小金库”亟须“大预算”》,《光明日报》2009 年 7 月 31 日。

② 黄建良:《利用职权大肆捞钱　娄底一副市长受审》,《检察日报》2003 年 1 月 7 日。

济损失 2860 万元。该案涉及财政部门相关人员 5 名,其中正、副财政局长 4 名,预算科长 1 名。

上述案例中,赵某腐败的主要方式是利用资金特别是预算外资金的拨款、审批权力索贿、受贿。预算外资金是指国家机关、事业单位和社会团体为履行或代行政府职能,依据国家法律、法规和具有法律效力的规章而收取、提取和安排使用的未纳入国家预算管理的各种财政性资金。按照有关规定,预算外资金的范围主要包括:地方财政支配的各项附加收入和集中的有关资金;国有企业及主管部门掌握的各项专用基金;行政事业单位的自收自支资金;中央和地方主管部门所属不纳入预算的企业收入;法律、法规规定的行政事业性收费、基金和附加收入等;国务院或省级人民政府及其财政、计划(物价)部门审批的行政事业性收费;国务院及财政部审批建立的基金、附加收入等;主管部门所属单位集中上缴资金;用于乡镇政府开支的乡自筹和乡统筹资金;其他未纳入预算管理的财政性资金。社会保障基金在国家财政尚未建立社会保障预算制度以前,先按预算外资金管理制度进行管理,专款专用。尽管国家及地方政府出台了一些预算外资金管理规定,但客观地说,预算外资金的监管远没有预算资金严格,其审批权力的运转不公开、不透明,管理混乱,监督乏力,成为财政腐败的重要隐患。

在赵某案件中,根据其他媒体的报道可以进一步看出预算外资金管理的腐败隐患。按规定,财政局对财政拨款和财政周转金的使用,须由请款单位提出书面申请,相关职能科室派出人员加以考察和审核,然后研究形成书面报告交由分管局长或局长审批。但赵某却无视这些规定,个人公然独揽财政资金的审批权,大笔一挥就批出去 10 万、20 万元,远远超出了制度规定的 5 万元的个人审批权。赵某当财政局长 6 年里,批了多少钱,连副局长都不清楚。赵某还利用中介来受贿。检察机关的起诉书指控为赵某介绍贿赂的人多达 16 人,在赵某收受的 860 余万元赃款中,通过中介收受的赃款就达 400 多万元。为求得赵某答应拨款,有的单位竟然集资凑钱,再由中介人向赵某行贿,在拿到赵某批示获得拨款后再来退还集资款;有的单位则先向信用社贷款,托中介人送给赵某,等拿到拨款后再去还贷。[①] 湖南省检察院调查组对赵某职务犯罪案的资金管理漏洞总结为:一是编制预算封闭进行;二是财政预算外资金、机动财力和预算追加等资金的安排和审批权力过于集中;三是资金拨付程序不健全,规章制度落实不到行动上,内部难以形成强有力的监督机制;四是审计监督流于形式;五是财政资金的内部往来不规范,多头开户,多头拨款;六是在干部管理体制上,往往是"一把手"说了算,有关方面的监督形同虚设。[②]

2010 年 6 月,财政部发布通知,规定从 2011 年 1 月 1 日起所有预算外资金管理的收入全部纳入预算管理,由此可以说利用预算外资金监管弱、隐患多而腐败的漏洞堵住了。但是我们应该注意,财政资金管理特别是资金的审批、拨款等方面仍然还是财政领域的主要腐败风险点,需要严密监管,通过严格的内部控制和外部监督来防治财政资金审批、拨款等方面的腐败。

(3)内部控制失效导致的腐败案

这方面的案例我们选择江西省鄱阳县财政局经济建设股原股长李某挪用公款案。该案轰动一时,包括《检察日报》在内的许多媒体对此有详细的、系列性的报道。

2006 年 10 月至 2010 年 12 月,鄱阳县财政局经济建设股股长李某利用职务之便,与县财政局经济建设股副股长兼会计张某、县农村信用联社城区信用社主任徐某等人相互勾结,通过伪造公章,私开转账支票,虚假支出工程款等方式,骗取鄱阳县财政局存放在鄱阳县农村信用联社的资金高达 9400 多万元,并将其私分。

不可思议的是,在出逃到国外之前,李某还留下了一封信,信中详细讲述了从国家专项账户中套取资金的作案手段:避开财政局划拨专项资金审批手续,

---

① 周喜丰、刘刚:《湖南娄底副市长贪污案:贪欲病态　六亲不认》,《北京青年报》2003 年 1 月 10 日。

② 黄建良:《防止出现第二个赵更效》,《检察日报》2004 年 9 月 30 日。

私盖伪造的公章，提供虚假对账单。按照该县财政局规定的财政账户资金的划拨管理流程，凡是划拨资金，都必须由用款单位提出申请、业务股室出具意见、预算科室核定指标、分管领导审核签字、局长签字批准，然后再由业务股室开具支票、加盖公章和经手责任人私章，支票最终送达银行才能进行资金划拨。这"七个环节、多人经手"的流程设计，看起来似乎没有漏洞。但李某骗取财政资金时却并没有按照这个流程走，而是越过前面五个必经环节，直接走后面的他能够控制的"由业务股室开具支票、加盖公章和经手责任人私章"这两个环节。为此，李某违规私刻了一枚名称为"鄱阳县基础建设财务管理专用章"的假公章（与真公章名称一致），而经手责任人的私章是李某本人的，按照财政局的相关规定平时就放在某处，由李某本人保管。有了假公章和真私章，李某只要能拿到支票就可以。而保管支票的是副股长张某，而张某正是他的团伙成员。这样，李某轻而易举地就能拿到支票，并盖上自己私刻的假公章和自己保管的真私章，然后再送到县信用联社城区分社。在城区分社信用社主任徐某的配合下，顺利套取了资金。

李某作案真可谓胆大妄为。2007 年 7—9 月，审计署驻武汉特派员办事处到鄱阳县对中央转移支付支农专项资金分配、管理和使用情况进行审计调查。在审计期间，李某等人也没有停止从县财政专户上套取资金。3 个月里，他们作案 3 起，划走了五六百万元。

其实李某等人作案手段并不高明，甚至可说是低劣。如，其假公章与真公章区别明显，只要稍加对比，一眼就可看出；其转账支票漏洞百出：2010 年 11 月 10 日，李某办理了一笔 1360 万元的转账业务，支票金额小写填的是 1360 万元，但大写填的却是"壹仟叁佰陆拾元整"；他们从鄱阳县锦绣市政工程建设有限公司的账户上往外套现填写支票时，一张转账支票上收款人的地方填写的是"付文元"，而在入支票时提供的身份证上面的姓名竟是"付元文"；2010 年 9 月 29 日从鄱阳县锦绣市政工程公司的账户转入高某、李某账户的转账支票，填写日期却是"2010 年 9 月 30 日"。

一个股长，在四年多时间里从财政专项账户上套取高达 9400 万元的财政资金,该款项相当于当年鄱阳县这个国家级贫困县财政收入的四分之一,作案时间如此之长、涉案金额如此之大竟然没有被人发现,案发还是由于案犯安全外逃后主动打电话给单位领导告诉其卷款潜逃的事实。无正规手续随便找个借口就更换了印鉴卡、支票盖假公章也能畅通无阻、支票漏洞百出却一路绿灯。[①] 此案暴露了一些财政部门在内部管理、内部控制上的严重腐败隐患。

进一步看,此案还暴露出我们在预算资金管理上更多的问题,有媒体以"四错造就鄱阳亿元巨贪"为题对此案加以反思[②],这四个方面的反思中,除了第三个方面提出的是对该财政局局长任用的质疑外,其他三个方面都属于预算管理范畴。这一反思应该是比较准确、深刻的,我们不妨对此稍加介绍。第一,地方财政拨付制度极为混乱,这主要表现在两个方面:(1)专项资金的审批、管理、拨付由单一部门负责。财政局的内部业务股室如经济建设股、农业股、企业股、教科文股等都负责对相关用款单位资金申请的审核,又负责对相关资金的拨付和管理,如此一来,又负责审核又负责拨付,当然有很多空子可以钻;(2)印鉴制度不合理,不用法人印章就可取钱。第二,三道监督防线形同虚设。根据相关规定,有很多发现问题的环节:财政局与银行每月对账、同级人民银行的监督、各级审计部门的审计,但这些监督防线都没有发挥应有的作用,以致犯罪分子肆无忌惮,长时期疯狂作案。第三,中央专项资金被迫"躺"在账户,监管不力。经济建设股分管的资金主要是上级拨付用于病险水库、农田改造等方面的资金。该县财政局规定:其他来源资金不能到位或到位比例低于财政性资金支付进度50%的,暂缓或停止支付财政性资金。但作为贫困县,该县拿不出配套资金,中央专项资金也就用不了。在监管不力的情况下,出问题在所难免。

---

① 欧阳晶等:《财政局员工用假印转走6730万元 信用社2员工过失获刑》,《检察日报》2012年4月19日。

② 《四错造就鄱阳亿元巨贪》,2011年2月21日,见 http://view.news.qq.com/zt2011/poyang/index.htm。

二　基于审计工作报告的预算问题分析

（一）文本选择与分析方法

现代公共预算制度确立后，各国逐步设立了审计机关，负责对政府的财政预算、税收征管、金融机构和由政府投资或补贴的企业事业单位等进行审计监督，审计已经成为世界各个国家和地区加强财政管理的重要手段之一。在我国，审计署是国务院组成部门之一，在国务院总理的领导下，主管全国审计工作。随着依法治国的发展，随着党和政府逐步强化反腐倡廉建设，审计机关的作用也越来越被重视，审计机关也较好地履行了自己的职责。每年6、7月份审计署长代表国务院向全国人大常委会做关于中央预算执行和其他财政收支审计工作报告，该报告对中央财政管理和决算草案审计情况、中央部门预算执行情况、中央转移支付资金审计情况等等诸多方面的审计情况进行详细汇报与公示（详见表4-6），其中有相当一部分内容涉及财政管理、预算执行等方面存在的具体问题，因此对这一权威审计报告进行分析，可以较好地发现我国公共预算制度及其运行中存在的问题，为进一步深化改革提供有力的理论与实证材料支撑。

表4-6　2003—2016年中央预算执行和其他财政收支的审计工作报告结构

被审计年份	报告年份	审计主要内容	特点
2003	2004	财政部具体组织中央预算执行审计、国家发改委及中央其他部门预算执行审计、税收征管审计、专项资金管理使用财政资金投资效益审计、金融机构资产负债损益审计、原国家电力公司领导班子任期经济责任审计	

续表

被审计年份	报告年份	审计主要内容	特点
2004	2005	财政部具体组织中央预算执行审计、国家发改委及中央其他部门预算执行审计、专项审计和审计调查、金融资产管理公司审计、10户中央企业原领导人员任期经济责任审计	
2005	2006	财政部具体组织中央预算执行审计、中央补助地方支出审计、发展改革委和中央其他部门预算执行审计、财政资金专项审计和审计调查、开发区财政税收政策审计	增加中央补助地方支出审计、开发区财政税收政策审计
2006	2007	财政部具体组织中央预算执行审计、中央转移支付资金审计、发展改革委组织分配中央政府投资审计、中央部门及所属单位预算执行审计、财政专项审计和审计调查、其他财政收支审计	
2007	2008	中央财政管理审计、中央转移支付资金审计、中央部门预算执行审计、铁路建设项目审计、财政专项审计和审计调查、金融机构审计、企业审计	
2008	2009	中央财政管理审计、中央部门预算执行审计、重大投资项目审计、汶川地震抗震救灾资金和物资跟踪审计、重点资金审计、应对国际金融危机相关审计、环境保护专项审计、金融机构审计、企业审计、重大违法违规问题揭露和查处	增加财政体制审计、环境保护专项审计、汶川地震抗震救灾资金和物资跟踪审计、应对国际金融危机相关审计、重大违法违规问题揭露和查处
2009	2010	中央财政管理审计、中央部门预算执行审计、地方财政和地方政府性债务管理审计、重大投资项目审计、重点民生资金和民生工程审计、资源环境审计、金融机构审计、企业审计、重大违法违规问题揭露和查处	增加地方财政和地方政府性债务管理审计
2010	2011	中央财政管理审计、中央部门预算执行审计、财政转移支付审计、国税征管审计、地方政府性债务审计、重大投资项目审计、重大自然灾害救灾资金物资及灾后重建跟踪审计、重大民生资金和项目审计、资源环境审计、金融机构审计、企业审计、重大违法违规问题审计	增加三本预算审计、中央政府决算草案审计
2011	2012	中央财政管理审计、中央部门预算执行和决算草案审计、县级财政资金审计、重点民生项目及其他专项审计情况、重大投资项目审计、汶川、玉树、舟曲灾后重建跟踪审计、土地和资源环境保护审计、金融审计、企业审计、审计查出的重大违法违规问题和经济犯罪案件	增加县级财政资金审计

续表

被审计年份	报告年份	审计主要内容	特点
2012	2013	财政管理审计、中央部门预算执行审计、地方政府性债务审计、民生及资源环境审计、重大政府投资项目建设管理审计、国有金融机构审计、国有企业审计、审计发现的重大违法违规案件	
2013	2014	中央财政预算收支执行及决算草案审计、中央财政管理审计、中央部门预算执行和决算草案审计、政府性债务审计、重点民生工程及矿产资源审计、国有金融机构审计、国有企业审计、审计查出的涉嫌重大违法违规案件	
2014	2015	中央预算执行及决算草案审计、中央财政管理审计、中央部门预算执行审计、财政存量资金审计、政策措施贯彻落实跟踪审计、重点专项资金审计、金融审计、企业审计、审计移送的重大违法违纪问题	增加政策措施贯彻落实跟踪审计
2015	2016	中央预算执行及决算草案审计、重点专项审计、政策措施落实跟踪审计、金融机构审计、中央企业审计、审计移送的重大违纪违法问题	
2016	2017	中央财政管理及决算草案审计、中央部门预算执行审计、重大政策措施落实跟踪审计、扶贫资金审计、重点专项资金、金融审计、中央企业审计、审计移送的重大违纪违法问题	

至于为什么选择 2003—2016 年中央预算执行和其他财政收支审计工作报告进行分析，主要是考虑从 2003 年开始，审计署的相关审计报告大量曝光中央部委预算执行审计中存在的问题，媒体称其为“审计风暴”。在“审计风暴”的背景下，对相关审计报告的考察更便于全面分析我国公共预算制度及其执行中存在的问题。

对于审计工作报告的研究方法，我们采用的是内容分析法。该方法是对文本所包含的信息及其变化进行系统、定量研究的一种方法。它的操作步骤为：(1)根据研究目标决定使用文本内容分析；(2)认真筛选决定包含在内容分析中的材料及涉及样本抽样的材料；(3)确定分析单元和编码记录单元；(4)开发编码目录内容，量化分析水平和编码原则；(5)预测编码目录内容，然后通过手工或电脑进行文本编码；(6)在测试和完成编码的过程中，随时检验其可靠性[①]。我们选择的文本是每年6、7月份审计署向全国人大常委会提交的关于中央预算执行和其他财政收支的审计工作报告，该报告的名称，在2013年以前为“关于××××年度中央预算执行和其他收支的审计工作报告”(但2005年、2011年例外，用词稍有差异)，2013年以后统一为“国务院关于××××年度中央预算执行和其他收支的审计工作报告”。这一系列文本记录了14年来中央预算执行与预算执行审计的基本情况，既符合内容分析方法所要求的分析文本的性质，通过比较分析又可以帮助回答本研究的核心问题。本研究的分析对象就是审计署对2003—2016年共计14个年度的中央预算执行和其他财政收支的审计工作报告文本，以审计工作报告对审计情况的披露结构为基础确定分析单元，然后在每个分析单元内根据需要提取多个编码记录单元进行量化统计。[②]

（二）审计工作报告披露的问题分析

1. 对中央预算管理和执行审计发现的问题

各年度审计工作报告中，中央预算管理和执行情况是重要内容，审计工作报告对这方面的问题进行了集中披露，如对2005年度的审计工作报告从两个大的方面指出了存在问题：(一)财政部具体组织2005年度中央本级预算执行审计中发现了如下问题：1. 一项政府性基金未纳入预算管理；2. 财政部在政府性基金自身的收入能够满足支出需要的情况下，仍从预算内安排15亿元；3. 暗抵收入的做法违反了“收支两条线”原则，缩小了中央财政收支规模；4. 一些省对中央补助地方收入预决算编制不完整。(二)国家发改委组织分配2005年度中央政府投资审计中发现了如下问题：1. 至2005年年底，尚有国债资金234.54亿元没有安排下达或投入使用；2. 中央预算内投资未细化到具体

① 李钢等:《公共政策内容分析方法:理论与应用》,重庆:重庆大学出版社2007年版。

② 本人指导的研究生钟霓参与了相关审计工作报告资料的搜集、整理,特此说明并致谢。

项目;3. 有的基本建设项目安排不完全符合相关政策目标的要求;4. 下达投资计划时审核不严格;5. 部分补助地方投资项目还存在额度较小,不利于更好地发挥中央政府投资效益的问题;6. 部分专项投资存在内容交叉,资金多头审批安排的现象;7. 国债投资计划下拨不及时①。

2007 年度的中央财政管理审计发现了十余项问题,包括:1. 向十一届全国人大一次会议报告的 2007 年中央预算执行情况不够详细和完整;2. 有 376.87 亿元资金未纳入预算管理;3. 财政部批复的部分中央部门项目支出预算年初不细化;4. 未及时完成对 49 项行政事业性收费项目的清理规范工作;5. 向不承担国债分销业务的社保基金理事会支付国债发行手续费;6. 未及时清理中央农业综合开发财政有偿资金;7. 未完成南水北调工程基金征缴任务;8. 少数投资项目审批把关不严,安排投资失当;9. 脱离进度下达个别项目年度投资计划;10. 中央投资补助标准不一;11. 对部分项目审查审批不够严格,监督管理不够到位。②

限于篇幅,本研究报告没有对各年度问题详细列举。但我们统计了各类问题在 14 个审计报告中出现的频次(见表 4-7)。通过频次的统计,反映出了一些顽固存在的问题,需要引起高度重视。"部分收支未纳入预算管理""资金结余、资金闲置""中央预算年初未细化"这些问题出现次数最多,在 14 年里出现了 11 次,此外,"中央预算内投资下达不及时、不符合程序""部分收支未纳入预算管理"出现频率也很高,分别为 9 次和 8 次。

2. 中央部门预算执行审计发现的问题

审计工作报告对中央部门预算执行中的问题有比较详细的披露。如对 2004 年度的中央部门预算执行审计指出存在如下问题:预算编报不真实;违

① 参见《关于 2005 年度中央预算执行的审计工作报告》,2006 年 6 月 27 日,见 http://www.audit.gov.cn/n5/n26/c36125/content.htm。

② 参见《关于 2007 年度中央预算执行和其他财政收支的审计工作报告》,2008 年 8 月 28 日,见 http://www.gov.cn/gzdt/2008-08/28/content_1081292_2.htm。

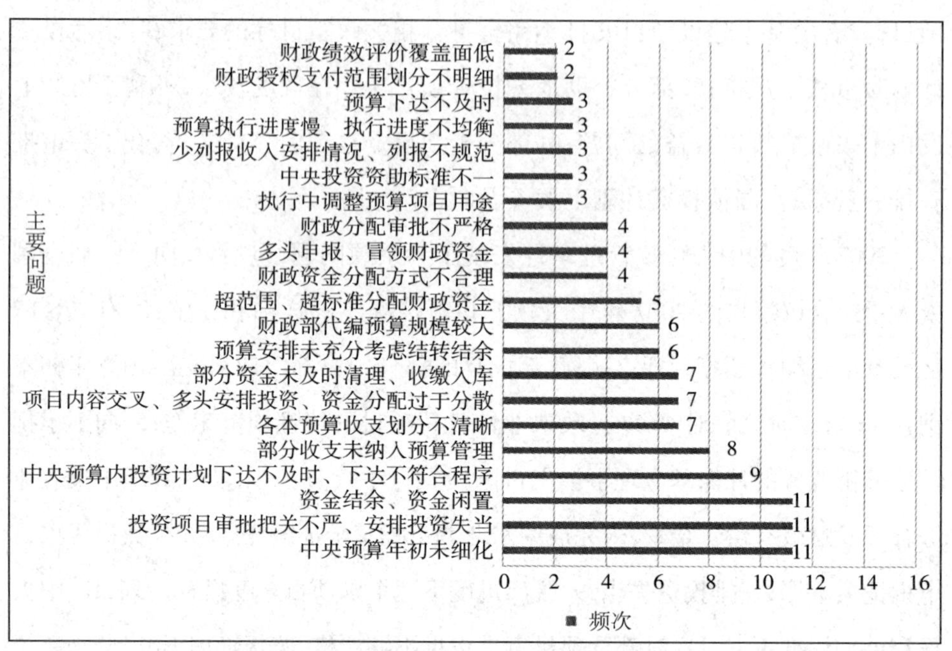

图 4-1　2003—2016 年审计工作报告列举中央预算管理和执行主要问题及频次

规转移挪用财政性资金；隐瞒截留财政资金和其他收入，设置账外账、“小金库”；挤占具有专项用途的资金，主要用于对外投资、弥补经费不足和发放福利；违反规定擅自建设办公楼和培训中心；有些部门年初预算未全部落实到具体项目，造成资金滞留闲置，影响使用效益；部门决算（草案）仍存在编报不够真实、规范的问题，主要是隐匿收入和结余、漏计少计资产、漏汇少汇资金等六个方面的问题。① 对 2012 年中央部门预算执行的审计报告则披露了九个方面的问题，包括：预算执行未完全到位，有的单位虚列支出、以拨作支；通过虚报人员或项目等方式多申领财政资金；套取或挪用资金；非税收入收缴、资产管理和会计核算不规范等问题；相关预算管理制度与实际不适应，难以有效发挥约束作用；政府采购和招投标制度执行不够严格；一些部门在计划外召开会

① 参见《关于 2004 年度中央预算执行和其他财政收支的审计工作报告》，2005 年 6 月 29 日，见 http://www.gov.cn/ziliao/flfg/2005-06/29/content_10963.htm。

议,有的超标准、超范围支出会议费;因公出国(境)计划管理不严格,部分团组行程及经费使用不符合规定;部门决算草案部分内容编报不准确。①

我们同样对中央部门预算执行审计存在问题进行了词频统计,具体数据见图 4-2。从该图可以看出,"多报多领、套取财政资金"这一问题出现了 14 次,即每年都有出现;其次是"挤占挪用财政资金或其他专项资金"和"部门决算编报不真实、不准确"这两个问题,在 14 年里各出现了 12 次;再次是"违规收费,未按规定上缴非税收入",出现了 10 次。此外,"预算编报不真实、不具体、不细化""私存私放资金""资产管理、会计核算不规范""'三公'经费和会议费问题"等出现的频率也很高,都在 7 次以上,即有 50%以上出现概率。从图 4-2 可以看出,中央部门预算执行中存在的问题比较多,不少问题属于顽固性问题,屡次被曝光,但下次又犯。

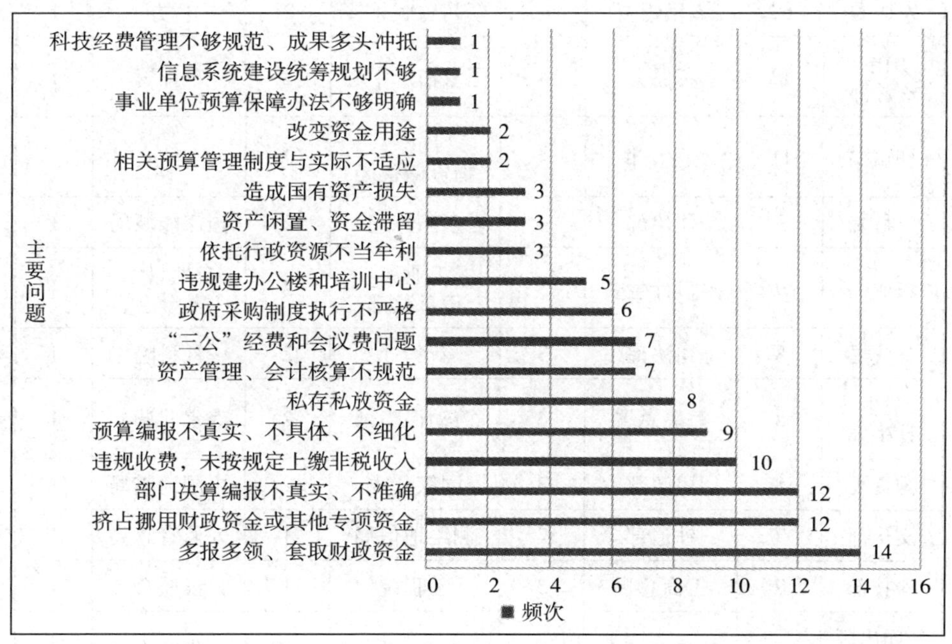

图 4-2　2003—2016 年审计工作报告列举中央部门预算执行主要问题及频次

① 参见《关于 2012 年度中央预算执行和其他财政收支的审计工作报告》,2013 年 6 月 27 日,见 http://www.audit.gov.cn/n5/n26/c64267/content.html。

针对中央部门在审计工作报告中的"问题"部分被"点名"的情况,我们也做了统计。具体见表 4-7。从表中可以看出,财政部、国家发改委被点名的次数远远超过其他部门,14 年里被点名分别达 88 次、62 次。当然这可能和这两个部门负责容易出问题的、大量的资金管理、项目审批有关系。14 年里其他被点名达到或超过 7 次的部门还有国土资源部、民航总局、中国科学院、农业部、国家林业局、卫生计生委、国资委、文化部、科技部、教育部、商务部、新闻出版广电总局、国家税务总局、国家海洋局等 14 个部门或单位。

表 4-7　2003—2016 年审计工作报告中被点名部门频次统计表

部门	频次	部门	频次	部门	频次	部门	频次
财政部	88	环保部	6	烟草局	2	信息产业部	1
发改委	62	人民银行	4	新闻出版总署	2	侨办	1
国土资源部	12	贸促会	4	国家信息中心	2	审计署	1
民航总局	11	卫生部	4	国家物资储备局	2	电监会	1
中科院	9	住建部	4	食药总局	2	国家能源局	1
农业部	9	人口计生委	3	工业和信息化部	2	自然科学基金会	1
林业局	8	司法部	3	新华社	2	社科院	1
卫生计生委	8	海关总署	3	劳动保障部	2	南水北调办	1
国资委	8	民政部	3	国家计委	2	中国地震局	1
文化部	7	铁道部	3	测绘地信局	1	安监管总局	1
科技部	7	工商总局	3	工程院	1	证监会	1
新闻出版广电总局	7	社保基金会	3	国家旅游局	1	保监会	1
教育部	7	质检总局	3	国防科工委	1	三峡办	1
税务总局	7	水利部	3	地质调查局	1	供销总社	1

续表

部门	频次	部门	频次	部门	频次	部门	频次
海洋局	7	知识产权局	3	统计局	1	人社部	1
商务部	7	银监会	3	国家中医药局	1		
交通运输部	6	体育总局	3	国家民委	1		

注:2003至2017年期间,国务院机构经历了较大幅度的改革和职能转变,新组建了一些机构,也撤并了一些机构。统计时,为保证数据的准确性,就没有考虑部门改革这一情况,因此,是依据报告原文提到的部门和单位进行频次统计,没有根据部门改革重组情况对部门的频次进行计算。

3. 中央决算草案审计发现的问题

从2010年开始,审计署向全国人大常委会作的中央预算执行和其他财政收支的审计工作报告把中央决算草案审计情况进行了报告,我们搜集整理如下(见表4-8):

表4-8　2010—2016年中央决算草案审计情况统计表

年份	决算草案编制中的主要问题
2010	1. 未及时清理以前年度已取消的烟草专营利润、国有土地有偿使用基金、政府住房基金、水运客货附加费等4.52亿元; 2. 在向全国人大报告中央预算执行情况时,将用工商银行上缴利润中的22.05亿元安排的补充社保基金支出错列在国有资本经营预算支出中
2011	1. 截至2011年年底,有137.85亿元财政借款未及时清理,也未在决算草案中编报; 2. 编报程序和科目不完全符合制度要求,从程序看,财政部先编制中央决算草案,经全国人大常委会批准后,再调整实际发生的会计账目,不符合规定的决算编制程序;从科目看,在一般性转移支付中列报的"基层公检法司转移支付"等5个科目,不属于规定的政府支出科目
2012	1. 决算草案编制的程序、时限、方法以及调整事项等不够完善; 2. 决算草案未分科目、分级次列报预算变更情况; 3. 决算草案未上报决算资产负债表,未反映国有股权、固定资产等资产及负债情况
2013	1. 决算草案编报内容不够清晰,决算草案反映的支出功能分类科目中,有些科目又是按资金来源或分配使用单位设置的,导致同类工作或支出事项分散在不同科目列报,同一科目又列报了不同类工作或支出事项; 2. 决算草案目前仅按功能分类科目情况列报,财政部应进一步研究同时按经济性质分类编制中央决算

续表

年份	决算草案编制中的主要问题
2014	1. 决算草案报表体系不够完善:未包括资产负债表,且总预算会计核算发行国债取得资金时,未按规定计入负债类科目,而是作为债务收入,不能准确反映政府的资产和负债等情况;未按经济性质分类编列一般公共预算支出; 2. 预算变更偏多; 3. 披露用以前年度超拨资金抵顶的支出; 4. 中央决算草案与部门决算草案衔接不够
2015	1. 未报告预算级次变化情况; 2. 部分收入列报不够全面,主要是对已按规定向软件、资源综合利用企业等退增值税、消费税等 937.48 亿元,在决算草案中没有体现; 3. 据实结算事项处理不够规范,主要是适用范围和标准不明确,有的清算期过长或清算不及时,有些用以前年度超拨资金抵顶当年支出; 4. 未按要求报告财政资金绩效情况,主要是预算中未报告相关政策内容和绩效目标
2016	1. 部分事项未在决算草案中反映,主要是:财政部滞缴的 8 个还贷准备金专户 2016 年利息收入 6.43 亿元,尚未缴入中央国库的煤炭开采水资源费 0.91 亿元,地方归还及中央减免地方的转贷主权外债余额 180.86 亿元,以及利用外国政府和国际金融组织贷款统借自还项目的年初年末余额; 2. 少列报当年外债发生额 0.32 亿元

资料来源:根据审计署发布的相关各年度中央预算执行和其他财政收支的审计工作报告整理而来。

图 4-3 对决算草案列举问题频次进行了统计,从中可以发现,这方面最主要的、经常发生的问题是“编制科目不符合要求”“据实结算处理不及时”“部分收入列报错误或不全面”这 3 个,7 年里各出现了 4 次。

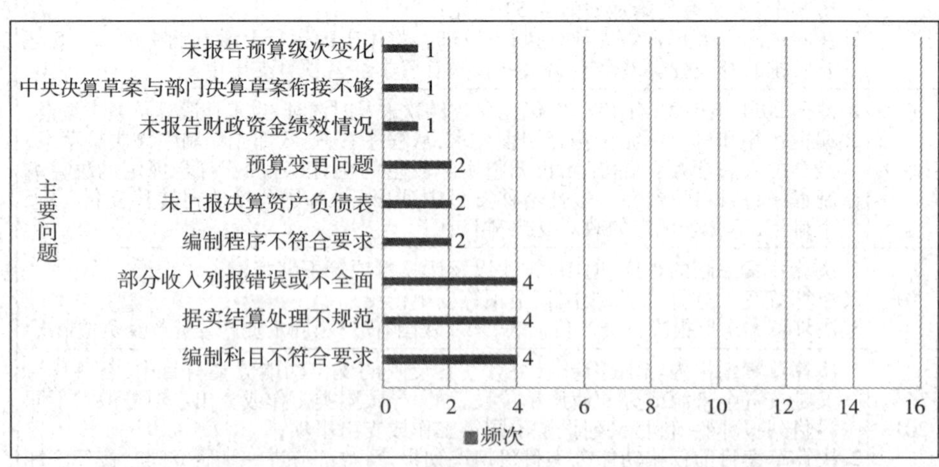

图 4-3　2010—2016 年审计工作报告列举中央决算草案主要问题及频次

4. 中央专项转移支付审计发现的问题

2003—2016年中央预算执行和其他财政收支审计工作报告中，各年度基本都对中央专项转移支付审计进行了报告，只有2004年和2009年两个年度的审计工作报告没有提及专项转移支付审计。根据审计报告，这方面的问题确实不少。如2005年中央预算执行和其他财政收支审计报告中指出了五个方面的问题：项目设置交叉重复；分配制度不够完善；资金投向较为分散；部分项目没有管理办法或管理办法未公开；参与中央转移支付资金分配的部门多达37个，分配权力过于分散。① 2014年中央预算执行和其他财政收支审计报告则指出专项转移支付存在四个方面的问题：部分一般性转移支付仍有指定用途；专项转移支付清理整合不到位，仍存在“碎片化、部门化、司处化”现象（分配权力过于分散）；部分专项转移支付分配审核不够严格；部分专项资金被骗（套）取，挤占挪用或出借资金等29亿多元，用于楼堂馆所建设、发放补贴或招商引资奖励等。②

我们对这12个审计工作报告关于转移支付审计中提到的问题频次进行了统计，具体结果见图4-4。从中可以看出，“资金分配不规范、审核不严格”是出现最多的问题，12份报告中出现了9次之多。其次是“项目设置重复交叉”“分配权力过于分散”各出现了7次。再次是“资金投入过于分散”，出现了6次。

5. 民生及资源环节审计发现的问题

审计工作报告对重点民生资金、民生工程等领域的审计情况进行了报告，

---

① 参见《关于2005年度中央预算执行的审计工作报告》，2006年6月27日，见 http://www.audit.gov.cn/n5/n26/c36125/content.html。

② 参见《国务院关于2014年度中央预算执行和其他财政收支审计查出问题整改情况的报告》，2015年12月22日，见 http://www.audit.gov.cn/n4/n19/c79365/content.html。

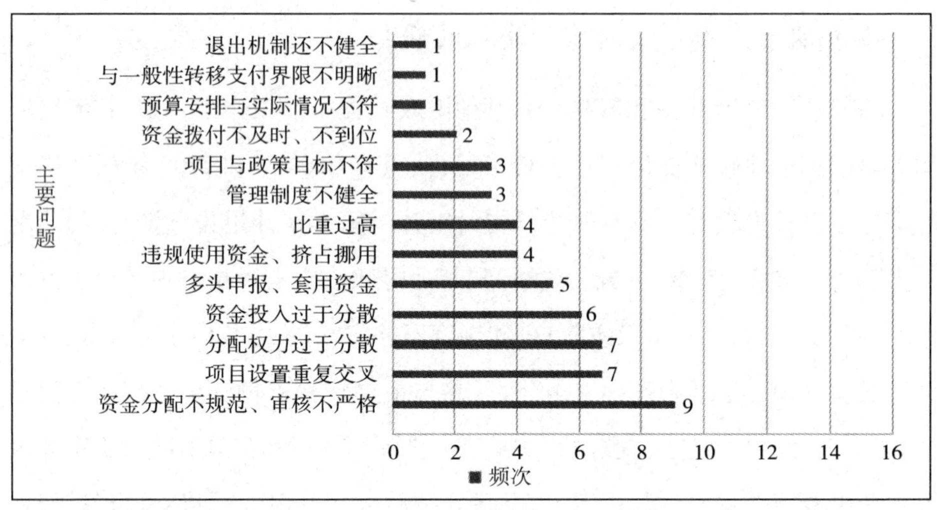

图 4-4　2003—2016 年审计工作报告列举中央专项转移支付主要问题及频次

披露了这方面的诸多问题。我们通过词频统计列出下图。从图 4-5 看出，挤占挪用、违规使用资金是最常出现的问题，高达 12 次；其次是套取、骗取资金，出现 10 次；再次是超标或重复享受安居工程保障和财政资金滞留，分别出现 8 次和 7 次。

6. 预算编制存在的问题

各年度审计工作报告没有专门对预算编制存在的问题进行分析，但年度审计报告中在介绍有关审计情况时都披露了大量的这方面的信息。审计报告中披露了哪些不足？我们对 2003—2012 年度中央预算执行和其他财政收支审计工作报告中的关于预算编制的问题进行了统计，列出了表 4-9。从表中可以看出，隐瞒收入、收入不纳入预算编制，预算编制中多报人员、编制虚假项目、重复申报项目，预算未落实到具体单位和项目等等问题大量存在。

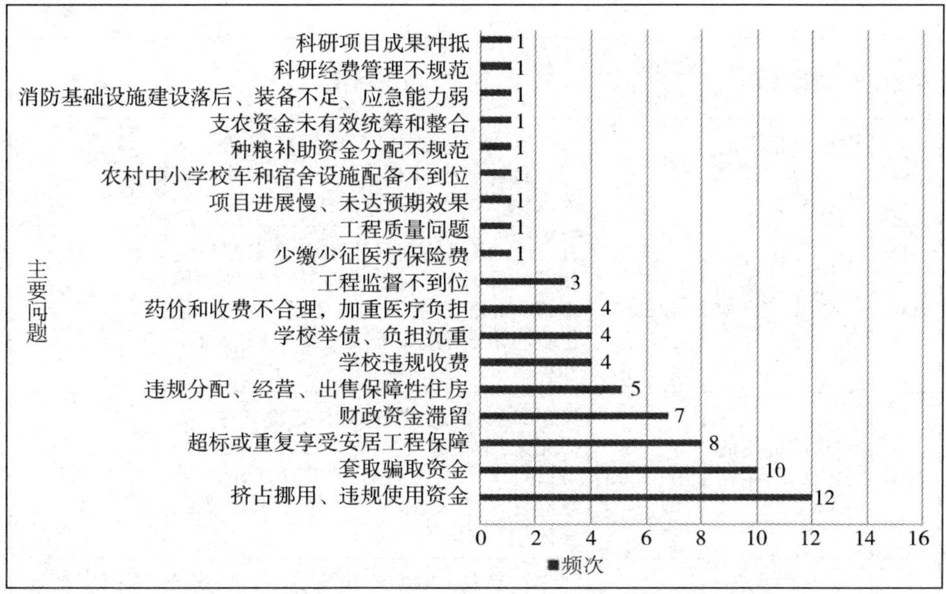

图 4-5 2003—2016 年审计工作报告列举重点民生项目审计主要问题及频次

表 4-9 2003—2012 年预算编制管理中存在的主要问题

年份	违规主体	违规金额（亿元）	违规问题	备注
2003	17 个省（区、市）	3213	17 个省（区、市）2002 年本级预算共编报中央补助收入 936 亿元，仅为实际补助 4149 亿元的 22.5%；有 4 个省根本没有编报中央补助收入	中央补助收入未纳入预算编制
2004	12 个中央部门	4.91	一些部门的下属单位通过多报人员、虚列项目、重复申报、夹带非预算拨款单位等方式，虚报多领预算资金 4.91 亿元	预算编报不真实
2005	48 个中央部门	288.91	12 个部门年初预算未细化到具体项目和单位 285.31 亿元，造成 10.37 亿元预算资金当年无法使用；7 个部门采取隐瞒收入、虚列支出等手段转移资金，私存私放 3.6 亿元	预算编制和计划安排粗放
2006	12 个中央部门	97.7	1.9 个部门预算有 96.85 亿元未细化，占这些部门财政拨款项目支出预算的 35%；2. 环保总局等部门多报多领财政资金 8489.2 万元，主要方式有编制虚假项目、重复申报项目、超标准申报、多报本单位人数	预算编制未细化或虚假编制

续表

年份	违规主体	违规金额（亿元）	违规问题	备注
2007	财政部批复的32个部门预算的项目支出	385.41	有385.41亿元项目支出预算年初未落实到具体的项目和单位，占这些部门财政拨款项目支出预算的42.8%	预算编制未细化
2008	财政部批复的73个中央部门预算的项目支出	422.56	有73个部门的项目支出预算未按规定确定政府采购金额，并编制政府采购预算；76个部门项目支出中的422.56亿元政府采购预算，未按明细的采购目录列示	未编制政府采购预算
2009	财政部批复的中央部门年初预算	1869.65	有财政拨款之外的基本支出1793.05亿元未细化到人员经费和日常公用经费；有27个项目支出170.20亿元、6项政府性基金支出59.40亿元未落实到具体项目或单位	预算编制未细化
2010	11个中央部门初编列项目支出	106.76	在年初编制的项目支出预算中，11个部门本级的106.76亿元未落实到具体单位和项目，有2.92亿元至年底仍未细化	未落实到具体单位和项目
2011	30个部门代编的项目支出	874.5	30个部门代编的85个项目支出预算874.5亿元未细化，而是在执行中进行了二次分配	预算编制未细化
2012	14个部门的"打捆"项目预算	118.92	118.92亿元是14个部门的43个"打捆"项目预算，这些预算资金未具体到部门，细化到开支项目上去	预算编制未细化

资料来源：根据审计署发布的相关各年度中央预算执行和其他财政收支的审计工作报告整理而来。

7. 加强深化财政管理的建议

中央预算执行和其他财政收支的审计工作报告文本的最后一部分，都会有加强财政管理的意见或审计建议。这一部分与问题密切相关，是针对问题提出的对策，分析这些意见和建议，对于我们进一步认识存在的问题，以及如何深化预算改革，有积极的意义。

2003年中央预算执行和其他财政收支审计工作报告提出的建议包括：细化中央补助地方支出预算，增强资金分配的透明度；完善政府投资管理和审批体制，提高资金使用效益；改进税收管理机制，坚持依法治税；强化国有商业银行内部控制，防范和化解金融风险等几个方面。① 2004 年的建议则为：各级各部门领导应高度重视财政财务管理，切实提高管理水平；建立科学的支出标准和预算定额，进一步推进部门预算改革；进一步改进中央基本建设预算管理，完善政府投资的宏观调控体系；完善制度，建立科学规范的金融资产管理公司运行机制。② 我们再来比较一下十几年后的审计工作报告的意见和建议。2015 年中央预算执行和其他财政收支审计工作报告提出的建议是强化问责和公开，健全审计查出问题整改长效机制；加快推进改革，保障重大政策措施落地落实；进一步优化财政资源配置，切实盘活存量、用好增量；积极采取措施缓解收支矛盾，防范和化解各种风险隐患。③ 2016 年报告提出的建议则是：继续深化财税领域改革；切实加强重点领域监管和风险防控；着力提高财政管理水平和绩效。④ 对十几年来审计工作报告提出的意见和建议进行比较，我们可以看出，一些建议不再重复，说明问题已经得到解决，而一些建议则反复提出，显示改革难度大，需持之以恒。

我们对 2003—2016 年中央预算执行和其他财政收支的审计工作报告中提出的意见和建议进行了词频统计，具体见图 4-6。从该图可以看出，防范财政风险是提得最多的，达 7 次；其次是优化财政支出结构和深化财税改革这两项，分别达到了 6 次；此外，深化财政体制改革，改进预算编制，加强预算管理，健全政府预算体系等建议也多次提出。

---

① 参见《关于 2003 年度中央预算执行和其他财政收支的审计工作报告》，2004 年 6 月 24 日，见 http://www.audit.gov.cn/n5/n26/c36129/content.html。

② 参见《关于 2004 年度中央预算执行和其他财政收支的审计工作报告》，2005 年 6 月 29 日，见 http://www.gov.cn/ziliao/flfg/2005-06/29/content_10963.htm。

③ 参见《国务院关于 2015 年度中央预算执行和其他财政收支的审计工作报告》，2016 年 6 月 29 日，见http://www.audit.gov.cn/n5/n26/c84918/content.html。

④ 参见《国务院关于 2016 年度中央预算执行和其他财政收支的审计工作报告》，2017 年 6 月 23 日，见http://www.audit.gov.cn/n4/n19/c96986/content.html。

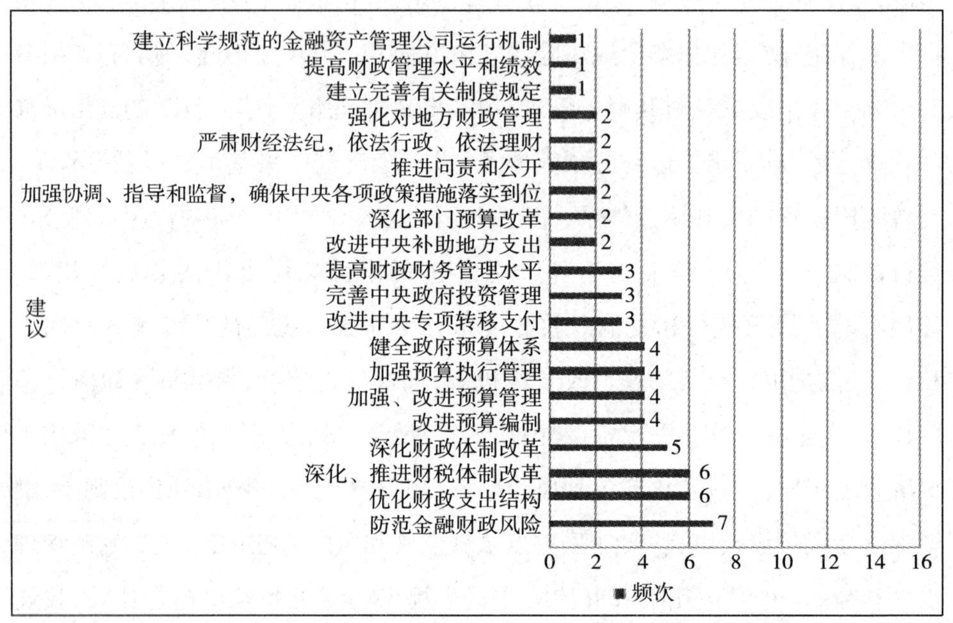

图 4-6　2003—2016 年审计工作报告关于加强财政管理的建议频次

第五章　深化公共预算改革以构建廉洁政府的对策

公共预算制度具有强大的廉政功能,因而从完善公共预算制度着手来防治腐败就成为廉洁政府建设的必然选择。从实践来看,1999 年以来的预算改革,对于遏制腐败蔓延、构建廉洁政府起到了重要作用。正如著名公共预算研究专家马骏所指出的:"预算改革的确为中国的反腐败斗争提供了新的希望。它不仅在公共资金的征收和支出的过程而且在政府管制领域都减少了腐败的体制性诱因和机会。这就将中国的反腐败斗争引上了一条令人鼓舞而且充满希望的道路。"①我们也应该看到,我国的公共预算制度还有待完善,进一步深化公共预算改革就成为未来廉洁政府建设的必由之路,成为我国防治腐败的战略性措施。

一　推进预算公开,提高预算透明度

(一)预算透明与政府廉洁的密切联系

预算制度对腐败遏制的功能,有一个前提,即预算是公开的、透明的。否

① 马骏:《治国与理财:公共预算与国家建设》,北京:生活·读书·新知三联书店 2011 年版,第 265 页。

则,预算制度的廉政功能也就难以发挥。正如卡恩所指出的:“预算可以在一份文件中向公民提供他们政府的缩影,揭示每一个部门及其官员的责任和支出……公开是责任的关键,预算不得不广而告之,这样,公民才能够乐于利用其信息来评判公共官员。”①

一些人对预算公开的反腐价值缺乏充分认识。在他们看来,预算公开只不过是个形式,价值不大,特别是没有认识到预算公开在廉洁政府建设中的意义。为此,我们有必要探讨预算公开与政府廉洁的密切联系。我们的讨论将不从纯理论的角度分析,而是对国际上有广泛影响的预算公开指数与清廉指数之间的关系进行相关性检验②。

1. 预算公开指数与清廉指数

预算公开指数(OBI),是国际预算合作组织自 2002 年开始启动的各国预算透明度项目的成果,2006 年以来每两年公布一次。该评价指标体系是根据严格设定的调查问卷得出的,主要考察在政府应当提交的 8 份关键预算文件中公众能够获得的信息的数量③。其指数采用百分制,81—100 分表示该国政府“为人民提供了大量的信息”,61—80 分表示“向人民提供了较多的信息”,41—60 分表示“向人民提供了一些信息”,21—40 分表示“向人民提供了最低限度的信息”,20 分以下表示“向人民提供很少或根本没有提供信息”。清廉指数(CPI)又称腐败感觉指数,是透明国际开发的用来评价各国(地区)腐败程度的指标体系,自 1995 年以来每年公布一次。该评价指标体系有其自身的

---

① [美]乔纳森·卡恩:《预算民主:美国的国家建设和公民权(1890—1928)》,叶娟丽等译,上海:世纪出版集团 2008 年版,第 92—93 页。

② 参见周光俊、龙太江:《预算公开与廉洁政府建设的实证研究——基于 OBI 与 CPI 的相关性检测》,《福建行政学院学报》2014 年第 4 期。

③ 8 份关键预算文件是指《预算前声明》《执行者的预算提案》《公民预算》《出台的预算》《年内报告》《年中回顾》《年终报告》《审计报告》。需说明的是,2006 年考察的是 7 份的数据,不包括《出台的预算》。

标准,2012 年之前其指数采用 10 分制,10 分为最高分,表示最廉洁;0 分表示最腐败;8.0—10.0 分表示比较廉洁;5.0—8.0 分表示轻微腐败;2.5—5.0 分表示腐败比较严重;0—2.5 分则表示极端腐败。2012 年后采用百分制,其数值表征的含义类同十分制。某种程度上,OBI 和 CPI 都具有一定的主观性,但两者的测量数据已为国际认可,在社会上也产生了较大影响。那么,这两者之间是否存在着一定的相关性?如果存在,这种相关度有多大?在多大程度上相互影响?是否意味着预算公开程度的提升必然会使得清廉指数上升?预算公开指数与清廉指数的升降之间是否存在着必然的联系?其影响的前提条件是什么?

已有两篇论文对二者进行了相关性检测①,但这两篇文章都是基于某一年度的数据检测。我们认为,仅以某一年度为基础也许不能切实地反映全貌,因此我们拟将预算公开指数与清廉指数重合公布的 2006 年、2008 年、2010 年与 2012 年四个年度的数据为基础进行检测。由于预算公开指数与清廉指数涉及的国家与地区存在着较大的不一致,且预算公开指数第一次(即 2006 年)公布的国家与地区数量较少,因此,为了研究的需要,下文将 2006 年预算公开指数与清廉指数共同涉及的 44 个国家与地区作为样本数据,并在以后数据的选择中以此 44 个国家与地区为标准。四个年度的预算公开指数与清廉指数见表 5-1。

表 5-1　2006、2008、2010、2012 年 44 个国家(地区)OBI 和 CPI 对照表

国家/地区	2006 年		2008 年		2010 年		2012 年	
	OBI	CPI	OBI	CPI	OBI	CPI	OBI	CPI
法　国	8.9	7.4	8.7	6.9	8.7	6.8	8.3	7.1
英　国	8.8	8.6	8.8	7.7	8.7	9.3	8.8	7.4

① 参见郭剑鸣:《从预算公开走向政府清廉:反腐败制度建设的国际视野与启示》,《政治学研究》2011 年第 2 期;刘希:《预算公开与反腐败》,南京:南京大学硕士学位论文,2013 年。

续表

国家/地区	2006年		2008年		2010年		2012年	
	OBI	CPI	OBI	CPI	OBI	CPI	OBI	CPI
新西兰	8.6	9.6	8.6	9.3	9.0	9.3	9.3	9.0
南　非	8.5	4.6	8.7	4.9	9.2	4.5	9.0	4.3
斯洛文尼亚	8.1	6.4	7.3	6.7	7.0	6.4	7.4	6.1
美　国	8.1	7.3	8.2	7.3	8.2	7.1	7.9	7.3
秘　鲁	7.7	3.3	6.6	7.3	6.5	3.5	5.7	3.8
瑞　典	7.6	9.2	7.8	9.3	8.3	9.2	8.4	8.8
波　兰	7.3	3.7	6.7	4.6	6.3	5.3	5.9	5.8
巴　西	7.3	3.3	7.4	3.5	7.1	3.7	7.3	4.3
韩　国	7.3	5.1	6.6	5.6	7.1	5.4	7.5	5.6
挪　威	7.2	8.8	8.0	7.9	8.3	8.6	8.3	8.5
罗马尼亚	6.6	3.1	6.2	3.8	5.9	3.7	4.7	4.4
博茨瓦纳	6.5	5.6	6.2	5.8	5.1	5.8	5.0	6.5
哥伦比亚	5.7	3.9	6.0	3.8	6.1	3.5	5.8	3.6
印　度	5.2	3.3	6.0	3.4	6.5	3.3	6.8	3.6
纳米比亚	5.1	4.1	4.7	4.5	5.3	4.4	5.5	4.8
约　旦	5.0	5.3	5.2	5.1	5.0	4.7	5.7	4.8
墨西哥	5.0	3.3	5.4	3.6	5.2	3.1	6.1	3.4
肯尼亚	4.8	2.2	5.7	2.1	4.9	2.1	4.9	2.7
保加利亚	4.7	4.0	5.7	3.6	5.6	3.6	6.5	4.1
俄罗斯	4.7	2.5	5.8	2.1	6.0	2.1	7.4	2.8
哈萨克斯坦	4.3	2.6	3.4	2.2	3.8	2.9	4.8	2.8
加　纳	4.2	3.3	4.9	3.9	5.4	4.1	5.0	4.5
克罗地亚	4.2	3.4	5.9	4.4	5.7	4.1	6.1	4.6
马拉维	4.1	2.7	2.9	2.8	4.7	3.4	5.2	3.7
印度尼西亚	4.1	2.4	5.4	2.6	5.1	2.8	6.2	3.2
土耳其	4.1	3.8	4.3	4.6	5.7	4.4	5.0	4.9
阿根廷	3.9	2.9	5.6	2.9	5.6	2.9	5.0	3.5
洪都拉斯	3.8	2.5	1.1	2.6	1.1	2.4	5.3	2.8
赞比亚	3.7	2.6	4.7	2.8	3.6	3.0	0.4	3.7

续表

国家/地区	2006 年		2008 年		2010 年		2012 年	
	OBI	CPI	OBI	CPI	OBI	CPI	OBI	CPI
尼泊尔	3.6	2.5	4.3	2.7	4.5	2.2	4.4	2.7
格鲁吉亚	3.3	2.8	5.3	3.9	5.5	3.8	5.5	5.2
乌干达	3.1	2.7	5.1	2.6	5.5	2.5	6.5	2.9
厄瓜多尔	3.1	2.3	3.8	2.0	3.1	2.5	3.1	3.2
阿尔及利亚	2.8	3.1	0.1	3.2	0.1	2.9	1.3	3.4
阿尔巴尼亚	2.4	2.6	3.7	3.4	3.3	3.3	4.7	3.3
玻利维亚	2.0	2.7	0.6	3.0	1.3	2.8	1.2	3.4
尼日利亚	2.0	2.2	1.9	2.7	1.8	2.4	1.6	2.7
尼加拉瓜	2.0	2.6	1.8	2.5	3.7	2.5	4.2	2.9
摩洛哥	1.9	3.2	2.7	3.5	2.8	3.4	3.8	3.7
蒙 古	1.8	2.8	3.6	3.0	6.0	2.7	5.1	3.6
埃 及	1.8	3.3	4.3	2.8	4.9	3.1	1.3	3.2
越 南	0.2	2.6	0.9	2.7	1.4	2.7	1.9	3.1

注:1. 本小节的数据均来源于透明国际(www.transparency.org)与国际预算合作伙伴协会(www.internationalbudget.org)。
2. 由于预算公开指数(OBI)是每两年公布一次,且是从2006年才开始公布的;清廉指数(CPI)每年公布一次,因此,本书选取了两者相重合的2006、2008、2010、2012年度的数据。
3. 由于预算公开指数是百分制的,清廉指数是十分制(后期为百分制)的,因此,本书为了计算方便,统一将数字转化成十分制,取小数点后一位。
4. 2006年度的预算公开指数降序排列,后面的年度数据均以2006年度预算公开指数降序排列对应的国家名称排列的,不存在规律性。

2. 预算公开指数与清廉指数的相关性检测及说明

(1)预算公开指数与清廉指数的总体相关性检测

我们对表5-1中数据的相关性检测采用的是目前较为通用的SPSS相关系数分析方法,以Pearson相关性检测为准,分别考察2006、2008、2010、2012年预算公开指数与清廉指数的相关性。所得数据分别见表5-2、表5-3、表5-4及表5-5。

表 5-2　2006 年 OBI 与 CPI 总体相关性检测数据表

		预算公开指数	清廉指数
预算公开指数	Pearson 相关性	1	. 736 **
	显著性(双侧)		. 000
	N	44	44
清廉指数	Pearson 相关性	. 736 **	1
	显著性(双侧)	. 000	
	N	44	44

注：** . 在 . 01 水平(双侧)上显著相关。

表 5-3　2008 年 OBI 与 CPI 总体相关性检测数据表

		预算公开指数	清廉指数
预算公开指数	Pearson 相关性	1	. 698 **
	显著性(双侧)	. 000	
	N	44	44
清廉指数	Pearson 相关性	. 698 **	1
	显著性(双侧)	. 000	
	N	44	44

注：** . 在 . 01 水平(双侧)上显著相关。

表 5-4　2010 年 OBI 与 CPI 总体相关性检测数据表

		预算公开指数	清廉指数
预算公开指数	Pearson 相关性	1	. 702 **
	显著性(双侧)	. 000	
	N	44	44
清廉指数	Pearson 相关性	. 702 **	1
	显著性(双侧)	. 000	
	N	44	44

注：** . 在 . 01 水平(双侧)上显著相关。

表 5-5　2012 年 OBI 与 CPI 总体相关性检测数据表

		预算公开指数	清廉指数
预算公开指数	Pearson 相关性	1	.629 **
	显著性(双侧)	.000	
	N	44	44
清廉指数	Pearson 相关性	.629 **	1
	显著性(双侧)	.000	
	N	44	44

注：**. 在 .01 水平(双侧)上显著相关。

从结果可以明显看出，四个数据表中双侧显著性水平 Sig 值均为 0.000。在统计学中，当显著性水平为 0.01 时，相关系数检验的零假设都是被拒绝的，因此表中预算公开指数与清廉指数的相关性检测是可行的，表明两者从整体上看是存在着一定的线性关系的。在上述四个表中，相关系数旁边的两个星号（**）代表的含义是，当显著性水平为 0.01 时可以拒绝零假设，两个星号表明拒绝零假设后犯错误的可能性更小。

Pearson 相关性系数值在-1.0 到+1.0 之间，存在着正相关、负相关与不相关三个类别。在表 5-2 中，Pearson 相关性系数值为 0.736，表 5-3 中为 0.698，表 5-4 中为 0.702，表 5-5 中为 0.629。在统计学中，相关系数在 0.3—0.7 表示两者中度相关，0.7—1.0 表示两者高度相关。表 5-2 到表 5-5 的相关数据显示，2006 年度与 2010 年度预算公开指数与清廉指数高度正相关，2008 年度与 2012 年度则为中度正相关，但相关系数数据很接近 0.7。因此，可以得出结论，清廉指数与预算公开指数之间是成正相关关系的，且趋近于高度正相关。预算公开指数对于清廉指数有着较为重要的正向影响，两者的正相关关系是可以确定的。一国的预算公开指数虽不能全部解释该国的清廉程度，但至少可以在较大程度上解释。

(2)预算公开指数与清廉指数相关性趋势图解

上述相关性检测只是单纯检测预算公开指数与清廉指数的相关性关系，但并不能清晰阐释两者之间的相关性变化趋势。为了更加清晰展示两者之间的相关性变化趋势，我们将两者放在同一折线图中，以此说明两者之间存在的变化趋势，并说明部分国家（地区）不对称的原因，以及这种不对称是否存在着虚假背离。

1）预算公开指数与清廉指数相关性趋势图解

在表5-2中，2006年度预算公开指数与清廉指数的Pearson相关性系数值为0.736，显示两者是高度正相关的。从2006年预算公开指数与清廉指数相关性趋势图（见图5-1），我们可以得到进一步的印证。以预算公开指数为降序排列的图5-1中，清廉指数基本呈现下行趋势，只是在前期有所波动。波动幅度较大①的国家是南非（8.5，4.6）、秘鲁（7.7，3.3）、波兰（7.3，3.7）、巴西（7.3，3.3）、罗马尼亚（6.6，3.1）、印度（5.2，3.3）与肯尼亚（4.8，2.2）等。

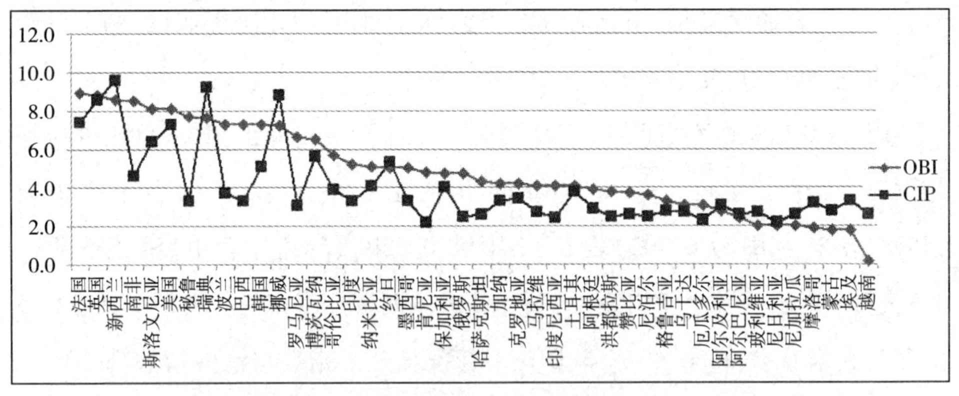

图5-1　2006年预算公开指数与清廉指数相关性趋势图

注：以预算公开指数为降序基准。

① 这里的波动幅度较大指的是OBI与CPI之间的数值差距明显，在折线图上存在着明显的距离。

在表 5-3 中,2008 年度预算公开指数与清廉指数的 Pearson 相关性系数值为 0. 698,显示两者是中度正相关的,但很趋近高度正相关。2008 年预算公开指数与清廉指数相关性趋势图(见图 5-2)中,清廉指数随着预算公开指数的下降呈现下行趋势,后期区域减缓。波动幅度较大的国家是南非(8. 7,4. 9)、巴西(7. 4,3. 5)、印度(6. 0,3. 4)、肯尼亚(5. 7,2. 1)、俄罗斯(5. 8,2. 1)、印度尼西亚(5. 4,2. 6)等。

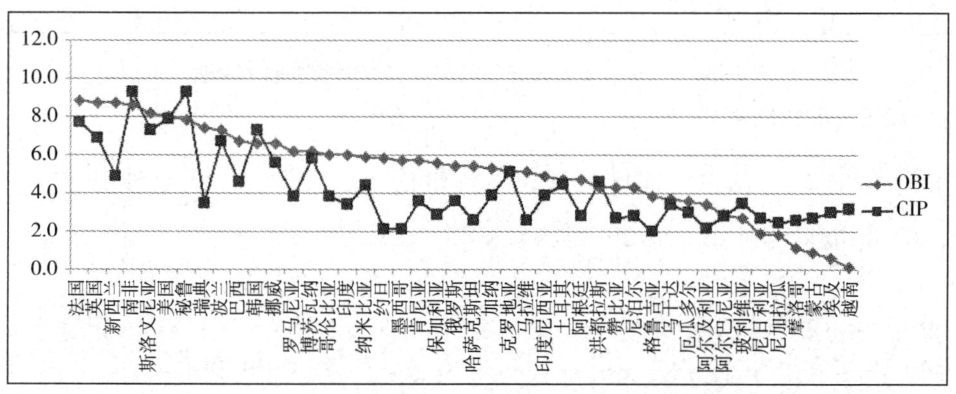

图 5-2　2008 年预算公开指数与清廉指数相关性趋势图

注:以预算公开指数为降序基准。

在表 5-4 中,2010 年度预算公开指数与清廉指数的 Pearson 相关性系数值为 0. 702,显示两者是高度正相关的。2010 年预算公开指数与清廉指数相关性趋势图(见图 5-3)中,清廉指数的下行趋势幅度较小,显得较为平缓,个别国家较大的浮动幅度并没有影响它的下行趋势。波动较大的国家是南非(9. 2,4. 5)、秘鲁(6. 5,3. 5)、巴西(7. 1,3. 7)、印度(6. 5,3. 3)、肯尼亚(4. 9,2. 1)、俄罗斯(6. 0,2. 1)与乌干达(5. 5,2. 5)等。

在表 5-5 中,2012 年度预算公开指数与清廉指数的 Pearson 相关性系数值为 0. 629,显示两者是中度正相关的。2012 年预算公开指数与清廉指数相关性趋势图(见图 5-4)中,清廉指数的下行趋势是存在的,只是个别国家的波动幅度较大,但仍然是在合理的范围内。波动较大的国家是南非(9. 0,

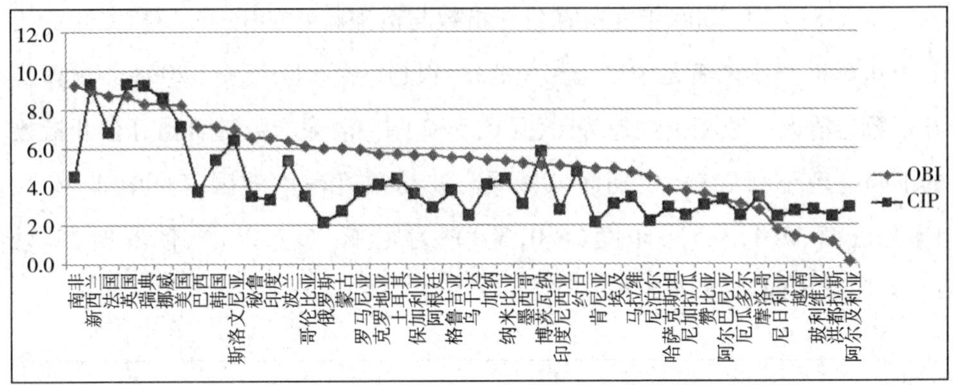

图 5-3　2010 年预算公开指数与清廉指数相关性趋势图

注:以预算公开指数为降序基准。

4.3)、巴西(7.3,4.3)、印度(6.8,3.6)、哥伦比亚(5.8,3.6)、俄罗斯(7.4,2.8)、印度尼西亚(6.2,3.2)、洪都拉斯(5.3,2.8)与乌干达(6.5,2.9)等。

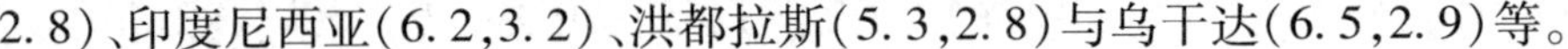

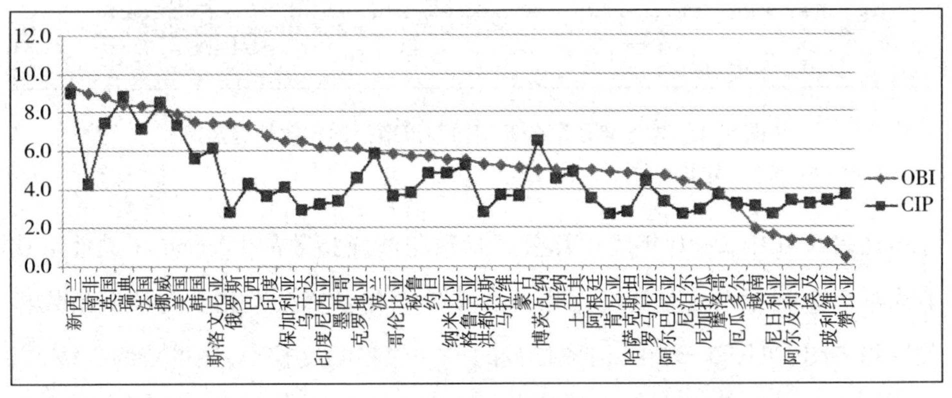

图 5-4　2012 年预算公开指数与清廉指数相关性趋势图

注:以预算公开指数为降序基准。

从上述四个图可以看出,清廉指数与预算公开指数并不存在着绝对的正相关关系,但在总体上看,两者的关系走势仍然较为一致,存在正相关关系,只是个别国家的数据波动较大。也就是说:第一,预算公开指数与清廉指数之间存在着一定的正相关关系,可以通过一国预算公开的程度判定该国的清廉程度。第二,一般而言,预算公开指数高的国家,清廉指数也较高,反之亦然。并且,从图上看,存在着预算公开指数较低其清廉指数较低的概率要大于预算公开指数较高其清廉指数较高的情况。第三,存在着预算公开指数较高清廉指数较低的情况。出现这种现象的原因在非制度因素上主要是预算公开指数与清廉指数的测量方式、内容、测量者的主观因素等等都存在着一定的差别;且预算公开指数考察的是两年的情况,清廉指数考察的是一年的情况,两者有可能存在着较大的变动;这里所考察的国家数目相较于 2008 年以后的检测较少,部分地影响了折线图的走势。另外,这两个指数之间的背离,存在着预算公开指数与清廉指数关注的焦点差异,即预算公开对政府的约束主要是规制其理财用财行为,但政府腐败除了存在于财政领域外,还广泛存在于人事、司法等其他领域。另一方面还需要通过考察这些国家的政治、经济、文化等情况,分析上述不成正相关关系的现象是否存在着虚假背离,以及这种虚假背离后的制度因素。

2)OBI 与 CPI 不对称现象的虚假背离

综合上述四个图,我们发现,存在着较大不对称现象的国家主要包括南非、秘鲁、波兰、巴西、罗马尼亚、印度、肯尼亚、哥伦比亚、俄罗斯、乌干达等。考察这些国家,南非、巴西、哥伦比亚等建立了总统共和制政体,俄罗斯建立了半总统半议会制政体,简而言之,上述国家都建立了现代民主制度,“预算公开是现代民主政治制度的一种硬性安排”①,同时,预算公开指数考察的八份报告都倾向于现代民主政治国家,因此,上述国家的预算公开指数都较高。但是,上述国家建立民主制度的时间较短,民主制度还存在一定的缺陷:在形式民主方面做得比较规范,在实质民主方面还存在不少问题。由于过于关注简单的政府信息公开与民众对预算信息的知情权,并不太关注民众知晓程度的高低,导致了这种预算公开在预算公开制度刚建立起来的上述国家流于形式的可能性很大,因此,上述国家的清廉指数都不是很高,属于腐败比较严重的

① 郭剑鸣:《从预算公开走向政府清廉:反腐败制度建设的国际视野与启示》,《政治学研究》2011 年第 2 期。

行列。可见,这种民主形式要素具备但实质民主发展程度不高的民主政治并不能对腐败起到较大的遏制作用。反观瑞典、英国、新西兰、美国等国家,其政府信息公开程度与民众的知情程度都较高,对腐败的约束亦较为有效。也就是说,预算公开程度与民众知情程度越高,预算公开指数越高,对该国的廉洁的保障和推动作用越明显。因此,上述不对称现象并不能作为预算公开指数与清廉指数的正相关关系的反例,它们两者的背离是虚假的,而这种虚假背离更加深了对于两者正相关关系的基石——成熟的民主政治的诉求。正是在这个意义上,我们可以说,预算公开指数与清廉指数成正相关的前提是具有成熟的民主体制。

对于上述解释,可能存在"偏差"的是印度。印度建立了较为健全的法律体系,议会制民主政体运转良好。但事实上,印度并没有脱离上述解释的框架。印度相对成熟的民主政治背后存在着掣肘印度民主政治进程的诸多问题:中央集权与地方分权的博弈,家族政治的烙印,作为顽疾的政治腐败,被认为是印度政治最大弊病的低效率,等等。可以说,"印度的政治建构进程还远没有完成"[①]。这种"大杂烩"式的民主使得其民主政治看似成熟,实则处处受到掣肘和羁绊,尤其是印度种姓制度、家族政治等使得印度民主政治对预算公开的影响程度大打折扣,对政治腐败的制约能力显著降低。

3)OBI 与 CPI 都位居前列国家的制度机制因素

本书考察的是四个年度的预算公开指数与清廉指数都位居前列国家背后的制度因素。由于每个年份的考查标准、国家内部因素等存在一定的差异,因此,本书将以 OBI 与 CPI 4 个年份 8 个数值中至少有 6 个都位居第一等级,即 OBI 在 81—100 分之间,CPI 在 8.0—10.0 之间的国家为对象,考察其背后的制度因素。从表 5-1,我们可以找出符合这些条件的国家是英国(6 个)、新西兰(8 个)、瑞典(6 个)及挪威(6 个)。OBI 与 CPI 4 个年份 8 个数值中至少有

---

① 赵伯乐:《"大杂烩"民主:政治建构进行时》,《环球》2014 年第 4 期。

6个都位居第一等级的考察条件可以说是近乎苛刻的，能够做到的国家应该说是极少的。考察这四个国家的高位契合情形，可以发现，它们都是政治体制架构较为合理，国内社会长期稳定，有参与型的公民文化、成熟的公民社会，公民的权利意识与廉洁意识较浓，法律健全，有较为成熟与完善的保障廉洁政府运作的机制。

3. 预算公开是廉洁政府建设的必要条件

郭剑鸣关于预算公开与廉洁政府关系学理逻辑推演是“预算公开——公民参与政府预算——监督政府财政权——监督政府事权——减少官员寻租机会——抑制腐败”①。他认为，公共预算的精髓就在于明确政府活动的方向与边界，政府的每一项开支都来源于民众，向社会公开是其预算的基本内涵。因此，“只要监控政府预算的编制和执行，就能监管政府行为和公权力的运用，简言之，就是通过规制政府取财用财的行为来防治腐败”②。可见，郭剑鸣的学理逻辑推演中比较重视健全的公共预算体系和信息公开法律体系、公民的监督权。刘希的学理逻辑推演是“预算公开——监督政府财权和行为——减少财权滥用机会——腐败减少”。在他看来，历史传统、民主氛围、经济发展、公民参与以及责任政府等是预算公开推动廉洁政府建设的必要支撑。③

郭剑鸣与刘希的学理推演就逻辑而言是完全成立的，更进一步看我们认为这一推演还应该有个前提与基石，即成熟的民主政治及完备的法律制度。而成熟的民主政治是与深厚的历史传统、健全的法律、参与型的政治文化（民主氛围）、稳定的社会环境、完善的权力制约机制、成熟的公民社会等要素密切相关。只有成熟的民主政治作为支撑和后盾，预算公开才有可能规制用财，

---

① 郭剑鸣：《从预算公开走向政府清廉：反腐败制度建设的国际视野与启示》，《政治学研究》2011年第2期。

② 郭剑鸣：《从预算公开走向政府清廉：反腐败制度建设的国际视野与启示》，《政治学研究》2011年第2期。

③ 刘希：《预算公开与反腐败》，南京：南京大学硕士学位论文，2013年。

建立健全的公共预算制度体系和信息公开的法律体系才能翔实地公开预算信息、才能成为推动政府廉洁的利器。一如我们所知,预算公开指数考察的是文件公开的程度即政府提供给民众的信息量大小,而这无疑是可以在短期内通过改进相关工作使数据得到大幅度提升的,尤其是在互联网技术迅速发展的背景下更是如此。国际预算合作组织在其报告中曾经直言不讳地承认"立竿见影的改进是可行的",尤其是政府、国际金融机构与志愿者、民间社团组织等采取一定的措施后,"很多国家政府可以低成本地迅速改善预算透明度"。① 以俄罗斯、乌干达和蒙古为例,俄罗斯四个年度的预算公开指数分别是 4. 7、5. 8、6. 0、7. 4,乌干达为 3. 1、5. 1、5. 5、6. 5,蒙古为 1. 8、3. 6、6. 0、5. 1。通过数据,我们可以发现,这三个国家的预算公开指数历年的提升幅度都较大,说明在短期内按照报告中的建议并充分利用技术进步是可以使预算公开指数快速提升的。蒙古 2010 年度到 2012 年度的预算公开指数的下降更可以说明这种进步在某种程度上并不是牢固的。然而这三个国家在清廉指数排行榜上属于腐败比较严重或者极端腐败的行列,它们的清廉指数并没有随预算公开指数的提升而提升,这更进一步说明了,缺少成熟的民主制度的支撑,单纯地寄希望于技术进步与钻指标体系的漏洞并不是可行的。而类似于南非,其预算公开指数始终位居前列,但由于缺乏成熟的民主政治的支撑,其预算公开对腐败的抑制力始终较低,甚至其清廉指数连续出现下降趋势。

预算公开指数与清廉指数之间的相关性检测表明,预算公开指数与清廉指数之间是呈现正相关的,且基本属于高度相关。这说明,预算公开是可以推动廉洁政府建设的,并且这种正向影响力是较强的。

(二)预算透明的国际标准

20 世纪 80 年代以来,西方发达国家开展了新公共管理运动,财政透明也

① "Open Budgets:Transform Lives.The Open Budget Survey 2008"[EB/OL].http://internationalbudget.org/what-we-do/open-budget-survey/full-report/

是运动的重要内容之一。一些国际组织也十分重视财政透明,大力倡导各国政府应该提高财政透明度,为此提出了相关标准。

1. 国际货币基金组织的财政透明标准

国际货币基金组织(IMF)1998 年首次提出了《财政透明度良好做法守则》(Code of Good Practices on Fiscal Transparency,以下简称《守则》),2001 年和 2007 年又两次对《守则》进行了修订。《守则》认为善治是一个国家宏观经济稳定和高质量增长的保障,而财政透明是善治的关键。《守则》提出了明确职责、公开预算程序、方便公众获取信息、保证真实性这四个财政透明的核心原则,并对每一核心原则提出了一些具体要求。①

明确职责是第一核心原则。它要求:第一,界定政府范围。即把政府与其他部门区分开来,明确并公示各部门职能。相关具体要求包括:

(1)确定政府的组织结构以及各部门职能;

(2)界定各级行政、立法、司法机构的财政权力;

(3)界定规定各级政府的责任以及它们间的关系;

(4)明确规定政府与公共法人机构之间的关系;

(5)处理政府与私人部门之间的关系应该遵循明确的法规及程序。

其次,确立财政管理框架,要求财政管理应有明确的、公开的法律框架和行政框架。其具体要求为:

(1)应全面遵守有关法律法规和行政规定来募集和使用公共资金;

(2)税收和非税收入的法律法规,以及相关行政自由裁量权的准则,应该尽量方便、明确和通俗易懂;

(3)修订法律法规和政策的提议,应保证有充分的征求意见的时间;

(4)政府与公营或私营实体间的合同安排应遵循明确和方便公众了解的

---

① IMF, *Code of Good Practices on Fiscal Transparency*, http://www.imf.org/external/np/pp/2007/eng/051507c.pdf,2007-05-15.

原则;

(5)政府的资产与负债管理应该有明确的法律依据。

公开预算程序是2007年版《守则》的第二核心原则。它要求:第一,应该按照规定的时间表,以明确的宏观经济和财政政策目标为指导来编制预算。其具体要求包括:

(1)明确预算日程并应认真遵守,且还需保证立法机关有充分的审议预算案的时间;

(2)依照中期的宏观经济和财政政策框架、切合实际编制年度预算;

(3)对重大收支措施以及这些措施对政策目标的影响,应该予以说明;

(4)对财政的可持续性进行认真评估,切合实际明确经济发展和政策的重要假设,对敏感度进行分析;

(5)按照财政政策的总体框架,明确预算和预算外活动的协调和管理机制。

第二,明确预算执行、监督和报告的程序。其具体要求包括:

(1)确立能够为收入、承诺、支付、欠账、债务与资产的跟踪提供可靠依据的会计制度;

(2)应该及时向立法机关提交有关预算进展的年中报告,并按更高的频率予以更新和公布;

(3)向立法机关提交的补充收支建议应该与原有预算一致;

(4)决算审计报告应该提交给立法机关,并应该在一年内公布。

方便公众获取信息是2007年版《守则》的第三核心原则。它提出:第一,应向公众提供全面的关于过去、现在和未来的财政活动及主要的财政风险的信息。这方面的具体要求包括:

(1)中央政府预算内和预算外的全部活动都应该在预算文件及其他财政报告中体现;

(2)至少要提供与前两个财政年度的结果相关的信息,至少要对后两年主要预算总量进行预测和灵敏度分析；

(3)中央政府税式支出、或有负债、准财政活动的性质及其财政意义等应该在预算文件中有明确说明,预算文件还应该评估所有的重大财政风险；

(4)所有重大税收来源的收入应该在年度预算报告中单列；

(5)中央政府债务、金融资产、重大非债务责任、自然资源资产的水平及构成都应该公布；

(6)地方政府的财政状况及公共法人机构的财务状况应该在预算文件中有充分报告；

(7)长期公共财务报告应定期公开。

第二,公开的财政信息应能够对政策分析和问责有帮助。为此需要满足以下要求：

(1)广泛提供简明扼要的年度预算指南；

(2)按照收入、支出和融资总额报告财政数据,按经济、职能和行政类别对财政支出加以明确划分；

(3)应该以总差额和总债务,必要时还应综合净债务、基本差额、公共部门差额等指标,作为衡量各级政府财政状况的标准综合指标；

(4)每年将预算执行结果提交给立法机关。

第三,及时公布财政信息。这方面的具体要求包括：

(1)以法律形式确定及时公布财政信息是政府的义务；

(2)财政信息公开日程应该事先公布并严格遵守。

保证真实性是第四核心原则。《守则》强调要有机制来保证所公开的财政数据的真实性。第一,财政数据应该符合公认的数据质量标准,具体要求包括：

(1)对预算的预测与更新信息要准确,要体现最新的收入与支出的变化态势、宏观经济的重要发展动态以及明确的政策承诺；

(2)年度预算和决算要遵守公认的会计准则,并说明其编制的会计基础；

(3)保证财政数据的内在一致性,并能根据其他来源的数据加以审核。

第二,财政活动应该受到有效的监督,也应有必要的保护,具体要求包括:

(1)确立并大力宣传公务员道德标准;

(2)公共部门的聘用程序和条件应该以文件的形式公开,相关信息应该能够方便获取;

(3)符合国际标准进行政府采购,政府采购信息能够方便获取;

(4)公共资产交易公开,大型交易单独列出;

(5)政府活动和财务应该接受内部审计,审计过程应受到公开审查;

(6)向国家税收征管部门提供法律保护,保障纳税人的权利。

第三,对财政信息进行外部审查,其具体要求包括:

(1)由独立的审计机构对公共财务与政策进行审查;

(2)审计机构应该向立法机关提交所有报告并加以公开;

(3)邀请独立的专家评估财政预测数据及其所依据的假设和宏观经济预测数据;

(4)为国家统计机构的独立性提供可靠制度保障,以保障其对财政数据质量的核查。

2. 经济合作与发展组织的预算透明标准

经济合作与发展组织(OECD)认为,预算是反映政策目标和政策实施的最重要的政府政策文件,预算公开就是要及时地、系统地披露全部相关的财政信息。经济合作与发展组织高级预算官员工作小组在1999年年会上要求秘书处汇集成员国关于预算公开的经验,随后在2001年制定和公布了《预算透明化最佳做法》(*Best Practices for Budget Transparency*,以下简称《最佳做法》)。《最佳做法》分为三部分来概括其成员国预算公开的经验,包括预算报告、特殊披露和完整、控制、可问责。①

---

① OECD, *Best Practices for Budget Transparency*, http://www.oecd.org/dataoecd/33/13/1905258.pdf,2002.

在预算报告方面,《最佳做法》对预算的编制、提交及公开提出了具体要求。要求预算应涵盖政府所有收支,预算案最迟应该在预算年度开始三个月前提交,并在年度开始前完成审议;每项预算收支安排都应予以详细的说明,尽可能在支出项目处附加非财务性的绩效指标;预算案应该对明确用途的税费收入分开列示,并且对政府持有的金融资产和负债、非金融资产、退休金给付义务、或有负债予以评议。预算报告应包括预算事前报告、预算执行报告、选前报告、长期报告等。

特殊披露部分是要求公开的一些特殊信息,包括:

(1)经济假设。预算的重要经济假设与财政风险密切相关,GDP 及相关的经济增长率、失业率、物价上涨率及利率等应该予以明确的揭示,并就其对预算冲击的敏感度进行分析。

(2)税式支出,重大税式支出应该列为决算案补充信息。

(3)负债与金融性债务,预算报告应该披露所有负债和金融资产。

(4)非金融资产,包括不动产、重大设备等非金融资产应该按照权责明确,公开折旧方法及计提、摊销期限,未采取权责额,应保持完整的登记目录,并在决算报告中反映。

(5)退休金给付义务。决算报告应该披露退休金估算方法及其假设条件。

(6)或有负债。决算报告应该对重大或有负债予以披露,无法量化的,应该提交描述性说明。

完整、控制和可问责是《最佳做法》对预算公开质量方面的一些要求。《最佳做法》要求预决算及执行报告应该采取统一的会计政策,并对外说明。政府应该建立内部控制和稽核制度,确保报告披露信息的完整性。报告应当出具财政负责人的声明,证实所有政府决策的财政影响已经按照最佳判断予以考虑。决算报告应由最高审计机构依照一般公认会计准则予以审核,并提交立法机关审查。应该确保立法机关有充分的时间和资源检查必要的财务报告,并为社会公众提供方便的查阅渠道,财政部门应该积极推动公民和非政府组织对预算过程的了解。

总之,《财政透明度良好做法守则》《预算透明化最佳做法》较好地总结了发达国家预算公开、财政透明的经验,值得我们高度重视和借鉴。

(三)推进预算公开、提高预算透明度的对策

对照上述《财政透明度良好做法守则》《预算透明化最佳做法》提出的预算公开、财政透明的国际标准,我们可以发现,我国的预算透明度还处于较低水平。上海财经大学公共政策研究中心从2009年起每年发布《中国财政透明度报告》,在总分为100分的评分体系下,2009年各省财政透明度的平均得分仅为21.71分,尽管此后每年平均得分逐步提高,但到2016年31个省(自治区、直辖市)平均得分也仅为42.25分。因此,要推进和深化公共预算改革,就必须加大预算公开力度,努力提高预算透明度。

1.以坚定的政治决心,排除干扰,强力推进

预算公开不是一个技术问题,也不存在技术上的难题,解决预算公开问题的关键是,我们把这项工作置于什么样的地位,以什么样的力度推进,对于执行不力者采取什么样的处罚措施。预算公开既是政府作为代理人应该履行的对委托人的一种报告义务、责任,又是公民知情权、参与权的法定内容,同时也是防治预算腐败的基本措施。因此,各级政府应该对预算公开问题高度重视,以坚定的政治决心,排除各种干扰和阻力,强力推进。比如,对个别执行不力、拖延推诿或预算公开质量不高、预算透明度差的地方和部门,追究其领导责任。一旦这样"动真格",可以想象,预算公开会有大的进步。

2.改进预算编制

预算公开的国际标准强调所有政府收支都应该纳入预算,这实际上也是现代公共预算制度的基本要求。我们不能允许游离于预算监督之外的公共资

金，所有政府的收支都必须纳入预算中来。要提高预算编制质量，政府预算编制应该适应性强、预测准确，就像《财政透明度良好做法守则》所要求的，要依照中期的宏观经济和财政政策框架，切合实际编制年度预算，预算文件应该对财政的可持续性进行评估，应就敏感度进行分析。改进预算编制方法。借鉴发达国家预算编制的先进经验，开发一套适合我国国情的、分类科学的预算编制方法。按照分层分类、繁简适度、清晰易懂、突出重点的原则，完善向人大提交的预算报表体系，细化预算，为每个预算单位建立详细的预算财政账户，使每笔资金都有明细的安排，使人大代表和公众都能看得懂。

3. 推进中期预算改革

国际货币基金组织的《财政透明度良好做法守则》、经济合作与发展组织的《预算透明化最佳做法》等有影响的预算公开国际标准，都要求政府在编制预算的时候，除了要编制好本年度预算以外，还至少应该对后两年主要预算总量加以预测。这是因为单纯只编制单个的年度预算难以对政府信息进行全面准确的说明，也不利于财政的可持续性，所以需要站在多年期的视角上来编制预算，因此中期预算的编制是理所当然的。2015 年 1 月 3 日，国务院发布了《国务院关于实行中期财政规划管理的意见》，要求财政部门会同各部门研究编制三年滚动财政规划，按照国务院的这一文件，年度预算编制必须在中期财政规划的框架之下进行。2015 年 4 月 3 日，《财政部关于推进中央部门中期财政规划管理的意见》发布，对中央部门中期财政规划管理进行了部署。但是，在实践中，由于没有经验，中期预算编制还只是处于全面推广前的试点阶段，没有在各地全面铺开，试点中暴露出来的困难、问题不少，改革力度不大，预算编制的质量不高，需要不断探索，总结经验。但是这一改革的方向是明确的、正确的，必须努力推进。在改革中我们要大力提高中期预算收支预测的科学性，优化中期财政规划和各类发展规划间的衔接，增强中期预算框架对年度预算的指导性和约束力。

4. 改进预算报告公开制度

首先,应该及时向社会公开政府预算报告。预算获得人大批准后,应该编写一份图文并茂、通俗易懂的年度预算情况简介,在尽量短的时间内向社会公开。其次,要细化预算报告的内容。要按照政府收支分类改革要求,积极构建新的以政府收入分类体系、支出功能分类体系和支出经济分类体系为主要内容的财政统计体系,清晰地反映政府收支全貌和履行职能获得的详细情况。公众和社会非常关注的"三公经费"应该作为预算公开的重要内容,并应尽量细化,使公众能"看得清"。再次,要建立最低标准信息披露制度。按照国际标准和各国经验,财政部门应当定期公布预算指导原则、财政政策目标、采用的财政规则和新政策,所有被鉴别和量化的财政风险应该要通过财政风险报表予以报告,并随预算文件一并公开。第四,应该以公众比较方便获取并了解的方式公开预算信息。前面已经介绍过,方便公众获取信息是财政透明的核心原则之一,因此要通过报纸、电视、网络、纸质图书等多种途径多种方式公开预算信息,并为公众获取和了解预算信息提供帮助,比如,在公开预算时,应该附上帮助民众理解预算的"预算指南""解释说明"或者"专业词汇解释"等资料。第五,要做好公开后的释疑解惑工作。预算公开后,民众可能会有一些问题或疑惑,有关部门应该及时、主动与民众沟通解释。预算公开并不是政府部门把预算文件一公开就完事的简单过程,而应该是相关政府部门与民众的连续互动过程。比如在香港,政府预算案发布以后,相关负责官员会积极利用电视台、电台等传媒平台,或者是举办专门的新闻发布会,针对民众关心的预算问题,进行详细的解释说明。因此我们应该通过制度建设明确预算发布后对民众解疑释惑工作的方式和程序,并对那些不积极履行释疑解惑义务的部门或人员,规定适当的处罚。

5. 强化公众特别是政府部门及其官员的预算公开意识

应该说,我国许多政府部门及其工作人员缺少规范的预算公开意识。一个典型案例是，2009 年 10 月，一个公民向某直辖市财政局提出预算公开申请，该财政局竟然答复相关信息属于国家秘密而不能公开。由此可见在政府部门强化预算信息公开的必要性和紧迫性。要加强对政府各部门（不仅仅是财政部门）工作人员的预算公开教育，大力强化和提升公务员的预算公开意识。同时，也要加强面向全社会的预算公开和预算知识的宣传，使民众进一步了解预算的意义，培养和提高民众的预算意识。在目前民众预算意识不强的情况下，民众预算意识的培养和提高需要做大量的、细致的、持久的工作，我们既要借助报纸、电视、广播等传统媒体和黑板报等传统宣传形式来传播预算知识，也要注重利用网络、微信、微博等新媒体和动漫等新形式来宣传和普及政府预算知识，通过持之以恒的潜移默化的宣传教育，努力培育和提高民众的预算意识；也可以考虑像“税收宣传日”一样设立一个“预算宣传日”，通过法定的“宣传日”的形式加强预算宣传，提高全民特别是公务员的预算透明意识。

6. 加强预算透明法制建设

我国目前在预算透明的法制规范方面还必须加强。首先，应该适时修订《保密法》，明确规定只要不涉及国家安全的预算信息，就不应当列为国家秘密。其次，进行《预算法》等预算专门法律法规的完善。比如 2014 年修订的新《预算法》尽管在第十四条对预算公开进行了规定，但是该条规定在预算公开的内容、公开的形式、履责部门的责任以及公民知情权的保障等方面规定比较笼统，没有细化或者是没有规定。最后，要完善政府信息公开方面的法律制度。适时制定《信息公开法》对预算信息公开进行细致规定，以法律的形式明确政府公布预算信息的受托责任，明确和细化预算信息公开的对象、内容和方式。努力推动《政府信息公开条例》的完善，特别是该《条例》中对县级以上各级政府及其部门应当重点公开的信息中关于财政方面的信息只是列举了“财政预算、决算报告”，而对乡镇政府信息公开的重点内容中涉及财政信息的列举却比较详细，包括：财政收支、各类专项资金的管理和使用情况，征收或者征用土地、房屋拆迁及其补偿、补助费用的发放、使用情况,债权债务、筹资筹劳情况,抢险救灾、优抚、救济、社会捐助等款物的发放情况,乡镇集体企业及其他乡镇经济实体承包、租赁、拍卖等情况。显然,县级以上政府及其部门应当重点公开的财政信息方面的内容应该细化,以避免现实中频繁出现信息公开责任部门随意找借口拒绝公民财政信息公开申请的情况①。

二 深化参与式预算改革,大力推进预算民主

(一)预算民主的廉政价值

所谓预算民主,“就是指建立这样的一种预算制度,在该制度下,政府的收支行为都是置于人民及其代议机构的监督之下的。这种预算制度将从外部对政府预算进行政治控制,使得政府预算能够实现公共责任”②。通过公共预算改革来防治腐败和建设廉洁政府,必须大力推进预算民主,这是因为预算民主具有强大的廉政功能。预算民主在民主方面的价值已为人们所熟知,但预算民主的廉洁价值并没有得到充分重视,下面我们就对此加以简略分析③。

首先,腐败的本质是权力的异化,防治腐败的核心就是要制约权力,预算民主既是能够较好地制约权力的民主政治这一政治形态的重要内容,本身也有较为重要的权力制约功能。众所周知,“权力制约是民主政治的本质特征”④,民主政治必然要求权力制约。既然防治腐败的核心就是制约权力,那

---

① 比如2014年,广州公安局年度“晒账”时没有公开交通罚款数额,有报社记者据此采访了广州财政局副局长,得到的回复是交通罚款涉密不可以公开。此“涉密”言论一出,引起轩然大波。当然在后来的回应中,广州市财政局还是认可了交通罚款应该晒出,同时表示不涉密的收入都应该公开。参见徐至:《上亿交通罚款到底去哪了》,http://zhenhua.163.com/15/1116/22/B8J00NTA0004662N.html。

② 马骏:《中国公共预算改革:理性化与民主化》,北京:中央编译出版社2005年版,第55页。

③ 参见龙太江:《廉政建设需大力推进预算民主》,《探索与争鸣》2013年第4期。

④ 林尚立:《当代中国政治形态研究》,天津:天津人民出版社2000年版,第455页。

么防治腐败也就必然要求建立和完善民主政治,“民主反腐”就成为反腐败的基本方略。预算民主自然是民主的重要内容,即所谓不经人民的同意而取其钱、用其钱者,便是专制政府;经人民的同意而取其钱、用其钱者,便是民主政府①。对于中国来说,发展预算民主,仅仅就民主政治方面来看就具有重要的意义。正如马骏所分析指出的,预算民主是中国政治改革早晚必须过的一道坎,预算民主可以在选举没有全面铺开的情况下取得实质性的进展,并且为政治民主与选举民主的发展创造一个非常好的制度平台,可以在“草根民主”之外为中国的民主政治发展提供一个新的“中心开花”的机会。② 预算民主的发展,能够促进民主政治这一以权力制约为本质特征的政治形态的发展,从而有助于腐败防治。另一方面,预算民主本身也具有较为重要的权力制约功能,特别是在财政权力的制约方面,预算民主发挥着不可替代的作用。从历史上来看,正如汉密尔顿或麦迪逊③指出的:“在不列颠的宪法史上,借助于这个工具,一个地位低下、处于襁褓中的人民代议制逐渐扩大了它的活动范围和重要作用,就它自己的愿望而言,终于削弱了政府其他部门的一切过大的特权。事实上,这种掌握国库的权力可以被认为是最完善和有效的武器,任何宪法利用这种武器,就能把人民的直接代表武装起来,纠正一切偏差,实行一切正当有益的措施。”④从当代来看,参与式预算作为一种预算民主实现的新形式在巴西以及其他国家的实践证明,预算民主能够保证政府预算决策的公开性和透明度,使公民能够增强对政府及其事务的了解,强化对政府及官员行为的监督,从而有助于遏制和防止滥用权力牟取私利的现象。

---

① 蒋劲松:《议会之母》,北京:中国民主法制出版社 1998 年版,第 666 页。

② 马骏:《中国公共预算改革:理性化与民主化》,北京:中央编译出版社 2005 年版,第 126—161 页。

③ 《联邦党人文集》中部分文章的作者未有定论,此处所引用的第五十八篇的作者是汉密尔顿还是麦迪逊就有争议。

④ [美]汉密尔顿等:《联邦党人文集》,程逢如等译,北京:商务印书馆 1980 年版,第 297—298 页。

其次,完善的公共预算制度是国家治理体系和治理能力现代化的重要内容,而治理体系和治理能力的现代化则是防治腐败的必然要求。一个治理能力低下的政府不仅难以控制被统治者,同时也难以控制统治者自身,也就难以防治腐败。世界银行倡导的治理改革就非常注重腐败控制,把腐败控制作为衡量一国治理能力的重要指标。一个国家腐败大规模地蔓延,其根源就在于国家治理结构上有重大缺陷。以预算民主为核心的公共预算改革,能够重塑国家与社会关系、国家与公民关系,加快现代国家制度建设,从而推动国家治理转型。对现代国家建设的历史进行考察就可以发现,财政转型是国家治理转型的关键,发达国家几乎都以预算改革作为突破口,建立预算国家,实现治理转型。① 比如卡恩在对美国公共预算兴起的历史考察就充分证明了这一点。② 就我国而言,改革开放以来,腐败蔓延的一个重要原因就是改革开放以后国家与社会的关系、政府与市场的关系发生了重大变化,但我们在国家治理结构和治理模式转型上相对滞后。因此,我国反腐败斗争的胜利有赖于治理结构的转型与优化。而在这一方面,如上所述,预算民主能够起到很大的推动作用。

再次,预算民主本身具有强大的反腐功能。这是因为,正如洛克所说的"政府没有巨大的经费就不能维持"③,任何政府管理活动,都离不开资金的使用。因此,"预算乃是行政机构的生命之源"④,进而通过预算对政府活动所必须掌握的资金及其使用加以控制,就可以有效防止腐败。"预算可以通过将权力限制在适当的范围以及将权力公开分配到特定的部门,从而消

---

① 王绍光、马骏:《走向预算国家——财政转型与国家建设》,《公共行政评论》2008 年第 1 期。

② [美]乔纳森·卡恩:《预算民主:美国的国家建设和公民权(1890—1928)》,叶娟丽等译,上海:上海世纪出版集团 2008 年版。

③ [英]洛克:《政府论》(下篇),叶启芳、瞿菊农译,北京:商务印书馆 1964 年版,第 88 页。

④ [美]肯尼斯·F.沃伦:《政治体制中的行政法》(第 3 版),王丛虎等译,北京:中国人民大学出版社 2005 年版,第 172 页。

除腐败。”[①]预算民主制度的有效运转，一方面可以使政府部门必须向人民及其代表明确陈述他们将要进行的管理行为，并清晰阐释这些行为的理由。因而通过对政府预算的审查、批准，人民及其代表就可以判断政府的某项活动是否必要、所需资金是否合理，从而做出同意或者否决该项预算安排的决定；另一方面，在预算执行过程中，成熟的预算民主能够通过有效的途径和手段监督政府预算的执行情况，防止政府官员滥用财政权力牟取私利。这样，预算民主制度就成为一个非常有效的防止政府部门及其官员以权谋私的控制工具。理解预算民主的反腐机理，其逻辑关系其实很简单：第一，政府活动必须有资金支持，因此通过预算民主由民众及其选举的代表控制了预算，就是抓住了遏制政府腐败的核心领域和关键环节；第二，预算民主通过对预算决策环节的民主参与和代议机关的民主审查，以及对预算执行环节的严密监督，可以保证公共资金的合理使用，从而起到遏制腐败的作用。

最后，规范用财和规范用人有着同等重要的地位，对于在历史上不太重视规范用财的我国而言，预算民主有着特殊的反腐价值。权力制约的重点是对用人、用财的权力的制约。对廉洁程度较高的国家进行考察，我们可以发现它们在这两个方面都有较为完善的权力制约机制。在对用人权的制约方面，核心机制是选举和问责，并通过问责使失去民众信任的人离开公共职位。而对用财权力的制约，则以公共预算制度为其核心，通过对预算的审查、批准、监督，可以使公共财政资源服务于公共利益和民众福利。财权决定事权，财权对事权的约束是硬约束，因而对财权的规范和制约，在很大程度上可以确保权力用于维护公共利益，保证公共权力运行的公共性。从我国反腐历史来看，历代统治者十分注重对用人权的规范和制约，这方面的制度建设成果也颇为丰硕。但是在规范用财方面，历史传统的积累却比较薄弱。儒家思想认为“君子喻

---

① ［美］乔纳森·卡恩：《预算民主：美国的国家建设和公民权（1890—1928）》，叶娟丽等译，上海：上海世纪出版集团2008年版，第60页。

于义,小人喻于利”,这种认为只有小人才重利的不屑论财、羞于论财的传统对政府财政管理产生了很大影响,政府财政资源的管理水平相对发达国家而言还有较大差距,财政领域因此难免存在大量腐败隐患。可以想象,在财政制度不健全的情况下,一个政府官员手中掌握大笔资金的使用或分配权力,而且这一权力的行使还没有受到内部的或外部的严格制约和严密监督,恐怕他很难抵制以权谋私的诱惑。更何况,在政府系统外,还有各种手段高明的寻租者会想方设法“俘获”这些财权在握的官员。反腐实践中我们看到,某些掌握大额资金的重要岗位经常出现“前腐后继”的现象,也许有人认为这是由于这些财权在握的官员们腐化堕落了,但问题是,对这些容易“前腐后继”的腐败高风险岗位,有关部门在用人时肯定也会特别注重考察其品德,会尽可能选拔那些“德才兼备”的优秀人才来担任相关职位。可惜的是,这些“德才兼备”的人才在这些腐败风险高的岗位上任职不久就堕落了。显然,问题的关键不在于官员的道德水平,而在于对财权使用的控制过于宽松。毋庸置疑,不受严格约束的资金支配权力越大,腐败的风险也就越高。由此可见,反腐败需要在规范用人和规范用财方面双管齐下,而我国反腐实践中规范用财制度建设的滞后,使通过预算民主来规范用财、遏制腐败就显得非常重要了。

(二)大力推进预算民主的对策建议

正因为预算民主具有上述强大的廉政价值,所以要想通过公共预算改革来构建廉洁政府,就必须大力推进预算民主。最近十多年来,以“预算民主恳谈”为代表的一些参与式预算改革在一些地方推行开来,我国的预算民主有了一定的发展,但预算民主建设仍然任重道远,下一步的公共预算改革必须把预算民主作为重要内容来努力推进。[①]

---

① 参见龙太江:《廉政建设需大力推进预算民主》,《探索与争鸣》2013 年第 4 期。

1. 强化预算民主的战略方针

强化预算民主，在指导思想或战略方针上有两点需要给予重视：

第一，推进预算民主，需要在直接民主和代议民主两个方面双管齐下。民主有直接民主和间接民主两种实现形式，预算民主同样也有这两种形式，近年来在一些地方兴起并引起广泛关注的参与式预算就是一种预算直接民主的实现形式，预算民主的间接民主形式则指通过代议机关即各级人大及其常委会对政府预算的审查、批准和监督。在利益多元化以及民众民主意识觉醒的背景下，预算这一传统上被视为纯技术问题而不适合民众直接参与的领域也成了民主发展的重要场域，参与式预算由此成为预算民主的新的增长点，并且具有很大的发展空间。参与式预算在浙江温岭等地的实践，积累了宝贵经验，大范围推广的条件基本成熟。因此推进预算民主我们应该在这方面下大力气、花大功夫。但是我们也应该注意，在预算民主的两种形式之中，代议民主无疑应该居于主体地位和发挥主导作用，因此我们应该切实保障各级人大所享有的财政权的充分行使，大力强化人大对预算的审查、监督。

第二，强化预算民主，需要在预算的决策、执行、监督等预算过程的各个环节上均衡发力，不留盲区和薄弱环节。从我国预算民主的发展现状看，在预算决策、监督等环节等领域有一些改革创新，这些方面的民主有了一定的发展，但总体看来其民主程度并不高。相对于预算决策、预算监督，预算执行方面的民主发展则更为滞后，几乎是一片空白。财政部门和政府的预算执行权力具有明显的封闭性，甚至不少人认为预算执行是一个纯技术性问题，预算民主等政治因素本来就应该排除在外。对这一看法，我们不妨引用爱伦·鲁宾的分析加以批判："预算执行的重点在于按照通过的法案准确地执行预算，这就使得预算执行表面上看起来具有很高的技术性，成为政府官员和会计师们特有的领域，也缺乏政治内涵。实际上，预算执行也具有政治性，因为它可以调节预算中问责的程度，它涉及行政和立法之间政策控制的斗争，即使是最技术性的问题，诸如消除浪费、欺诈和滥用职权，都可以使预算执行成为政治活动的一部分。”①因此，预算民主当然也不能把预算执行环节排除在外，预算执行中如何强化民主也应该成为下一步预算民主改革的重要内容。

2. 强化预算民主的对策建议

在确立上述战略方针的前提下，我们可以主要在以下一些方面深化改革，努力推进预算民主的发展。

（1）构建有利于预算民主发展的预算权力结构。这要求在制度上保证人大的预算主导权，建立以人民代表大会为核心的集中统一的预算编制、执行、监督结构。在我国预算运行的实际过程中，政府集预算编制与执行权力于一身，人大的预算审查权的行使还不够充分，监督权也因为信息不对称而弱化。在强化人大预算权力、推进预算民主方面，我们有一些工作制度或工作程序需要改革，应该明确规定所有政府收支都应该纳入预算，由人大审查、批准，无预算政府就不得收支。新《预算法》已经实施，我们建议还应该赋予人大对预算的修正权，要确保人大及人大代表对预算信息的知情权，同时也应该为人大在预算编制阶段开辟合适的参与及审查渠道。此外，应该明确和细化人大对预算违规行为的追责权，从而保证人大预算权力的刚性行使。

（2）加强人大的预算机构建设和程序建设。建议将预算工作委员会改组为预算委员会，从人大常委会的工作机构提升为人大的专门委员会，强化其职能，增加人员编制。在人大预算机构建设上还有一个可以考虑采取的措施，即将审计部门划归人大领导，这样可以大大提高人大的预算监督能力。在程序建设方面，建议把对预算的审查作为会议核心工作之一，从而在时间、日程安排上给予充分保证。为了提高预算审查的效率，可以考虑由人大代表依据其专业、特长等因素组成多个审查小组（或称委员会）把预算草案拆分进行审

---

① ［美］爱伦·鲁宾：《公共预算中的政治：收入与支出，借贷与平衡》，叶娟丽等译，北京：中国人民大学出版社 2001 年版，第 249 页。

查,实行分类表决。此外,人大预算监督和问责的程序也应该完善、细化,从而提高其可操作性。

(3)强化预算监督。人大对预算资金运行的监督,是预算民主的重要表现,预算民主的核心内容就是要在预算编制、审批、执行各阶段对其进行全方位、全过程监督。要推进预算民主,就必须大力强化预算监督。我们要加强对预算过程的全面监督,加强各种政府资金的分配、使用的监控。在监督主体上,不仅要注重发挥人大的监督作用,也要调动普通民众、新闻媒体、非政府组织对政府资金分配、使用监督的积极性。同时,要把加强监督和强化问责密切结合起来,对发现的违规现象,要严肃查处,严厉问责。

(4)努力推行参与式预算。参与式预算是预算民主的直接民主形式,浙江温岭、上海闵行等地的参与式预算的创新与实践,证明了参与式预算在保证预算的科学化、民主化方面有十分积极的作用,预算民主的实现应该大力推广参与式预算。为此,首先需要来自上级政府和中央政府对参与式预算的政治支持。其次需要好好总结参与式预算实践的经验,并借鉴国外参与式预算的好做法,使参与式预算的运行更有效。再次,要保证公民参与预算的实际效果,注重提高公众参与的实际效果。比如我们考察省级财政部门网站就可以发现,一些省级财政部门虽然设有公众参与、咨询反馈等栏目,却没有反馈内容,公众无法知道财政部门对自己的意见、建议有没有给予关注并回应。省级网站如此,市、县级网站的参与互动则更差。参与式预算如果只是公众一方采取各种方式参与公共预算,而政府一方对公众的参与态度冷漠甚至置之不理,对公众的问询、建议和意见不做回应,那么这种只有单方的行动而没有互动过程的行为不能称为公众参与。① 因此要通过政府内部和外部各方面的努力,深化参与式预算改革,提高公众参与预算的效果。

(5)努力探索预算民主的新形式。要拓宽预算民主的实现途径,鼓励预

① 蔡定剑:《公众参与:风险社会的制度建设》,北京:法律出版社 2009 年版,第 6 页。

算民主方面的新探索。预算听证、公民问卷、公民论坛以及网络参与等形式都可以加以探索，一些有一定试点的探索形式应该及时总结提升并加以积极推广。预算听证在上海闵行等地探索，其实践已经证明预算听证确实是实现预算民主的好形式，但相关制度却还很滞后，所以我们应该完善预算听证制度，使预算听证制度化、规范化、法治化。在公民社会不断成熟的背景下，民间组织在预算民主方面具有广阔的发展空间，这方面的创新应该要大力倡导。在互联网时代，网络问政、网络参政是时代潮流，预算民主当然也应该在这方面有新形式、新探索。

三 坚持结果导向，推进绩效预算

（一）绩效预算及其优点

“建立一个对公众负责的政府，首先需要建立各种预算控制，确保公共资金不能用于任何私人目的。但是，仅仅这样仍然不够。一个负责的政府还必须是一个能够有绩效地使用资金满足公民需要的政府。”①绩效预算很早就引起了学界和政府的重视，美国进步时代对预算改革的探讨中就已经出现了绩效预算的思想。1950 年，美国联邦政府开始实行绩效预算，时任总统杜鲁门向国会提交的该年度的政府预算草案就是根据支出绩效而加以编制的。随后美国许多州和地方政府也陆续开始实行绩效预算。虽然 20 世纪 60 年代绩效预算被新出现的计划项目预算取代，但是到了 20 世纪 70 年代末 80 年代初，为了应对日益加剧的财政危机和削减公共支出的社会压力以及公民对政府的信任下降构成的挑战，西方发达国家又开始了新一轮的绩效预算改革。这一改革已经持续了 30 多年，并取得了明显成就。

① 马骏、赵早早：《公共预算：比较研究》，北京：中央编译出版社 2011 年版，第 308 页。

绩效预算把预算支出与预算绩效密切结合，强调预算支出的效果，要求政府部门应该要以一定的财政支出提供更好的公共服务，或者是以较少的支出提供同样的公共服务。根据世界银行的定义，绩效预算“通过对于政府效率的长期关注以及努力将政府活动的信息整合进预算过程，使得预算决策能够在很大程度上建立在政府做了什么与花费了多少成本这一联系之上。这种改革……设计出来使得管理者能够对工作量与单位成本进行测量”①。概言之，绩效预算是一种以成本——效益分析为基础来确定预算支出要素和标准，强调根据预算支出的效果来分配财政资源，把绩效原则贯穿到预算编制、执行、监督全过程的现代公共预算制度。绩效预算的突出特征是重视预算支出最终获得的效果，而不靠传统的投入控制来提高预算分配效率。

一般认为绩效预算具有以下一些特征：

(1)以支出结果为导向。绩效预算强调的是“结果”，而不仅是政府部门的“产出”。不仅要清晰阐明政府“花了多少钱”“钱花在何处”，而且要明确纳税人最为关心的“花钱所产生的结果如何”。

(2)注重成本核算。要求更全面、更精确地反映政府部门在一定时期内提供公共产品和服务所耗费的成本，从而促进科学决策，强化政府内控机制。

(3)体现4E原则。即：第一，经济性(Economy)，强调以尽可能低的成本提供特定数量和质量的公共产品；第二，效率(Efficiency)，强调在既定的投入水平下达到产出最大化或在既定的产出水平下实现投入最小化；第三，效益性(Effectiveness)，考核政府部门所进行的工作或提供的服务能在多大程度上达到目标，满足公众的需求；第四，公平性(Equity)，要求所有服务对象都受到平等的对待，对于弱势群体或其他特殊群体给予政策倾斜。

(4)放权与问责密切结合，政府部门虽然可以在既定的预算拨款额度内，自行决定如何优化配置资源、分配预算资金以实现本部门的产出目标，但同时

① World Bank, *Public Expenditure Management Handbook*, Washington, D.C.: The World Bank, 1998, p.12.

也必须对产生的后果承担明确的责任①。

按照马骏的分析,这样一种新的预算模式,具有如下一些优点②:

(1)从"手段"到"目的"。绩效预算把预算决策关注的焦点从投入转向了产出,从而把效率绩效引进到公共预算中来,它要求支出机构必须高度重视预算支出的绩效,努力实现某种社会期望的结果,如果没有实现预期结果,支出机构负责人就要承担管理上的责任,因此绩效预算使得预算改革完成了从"手段"到"目的"的转变。

(2)改变支出机构的动机。支出部门总有预算最大化的冲动,但是在绩效预算模式下,资金支出的管理责任是非常明确的,花了钱就要保证预期结果的实现,这就使得支出机构不敢随意乱要钱、乱花钱。

(3)鼓励创新与节约。在绩效预算模式下,支出责任的明确性和灵活性使支出机构既有压力也有条件在管理上进行创新。而且西方国家新绩效预算中实施的"利润分享"计划允许各部门将一定比例的预算节余转到下一个预算年度使用,也允许支出部门将一部分预算节余用于奖励员工,这将鼓励和刺激支出部门节约资金、减少浪费。

(4)易于操作。新绩效预算所需要的预算信息的规模与数量比以前的理性预算改革模式要小,它所导致的信息负担也相对要小。

公共财政的收入来源于人民,人民当然有权关注财政支出的结果,对政府部门而言,注重财政支出结果也是其应尽的义务。从这一意义上来说,实行绩效预算应该是理所当然的。正如有学者指出的,"对于中国目前正在进行的预算改革来说,新绩效预算的确在许多方面都是非常具有启发性的,而且,一

---

① 梁洪波、王卫:《预算绩效管理改革待深化》,《公共财政研究》2015 年第 4 期。

② 马骏、赵早早:《公共预算:比较研究》,北京:中央编译出版社 2011 年版,第 376—380 页。

种以结果为导向的预算模式也应该是中国预算改革的最终目标”①。2011 年 7 月 5 日财政部发布的《关于推进预算绩效管理的指导意见》中对预算绩效管理的意义就进行了明确阐述:“预算绩效管理是政府绩效管理的重要组成部分,是一种以支出结果为导向的预算管理模式。它强化政府预算为民服务的理念,强调预算支出的责任和效率,要求在预算编制、执行、监督的全过程中更加关注预算资金的产出和结果,要求政府部门不断改进服务水平和质量,花尽量少的资金、办尽量多的实事,向社会公众提供更多、更好的公共产品和公共服务,使政府行为更加务实、高效。推进预算绩效管理,有利于提升预算管理水平、增强单位支出责任、提高公共服务质量、优化公共资源配置、节约公共支出成本。这是深入贯彻落实科学发展观的必然要求,是深化行政体制改革的重要举措,也是财政科学化、精细化管理的重要内容,对于加快经济发展方式的转变和和谐社会的构建,促进高效、责任、透明政府的建设具有重大的政治、经济和社会意义。”从这些论述可以看出,财政部把预算绩效管理的意义提得很高。

从反腐败的角度看,绩效预算的推行对廉政建设也有十分积极的作用。绩效预算是一种以支出结果为导向的预算模式,它对支出结果、绩效的关注,对未达到预期结果的单位及其负责人的问责,必然使支出单位更加注重资金使用效益和效率,必然使他们更加注重堵塞资金使用中的浪费或贪污挪用等方面的漏洞,从而有助于防治腐败。而且,绩效预算对财政支出绩效的关注,要求以尽量少的投入获得既定的产出或结果,或者是以一定的投入获得更多的公共产品、更好的公共服务,这无疑有助于建设一个廉价的政府。

事实上,党中央早就认识到了预算绩效管理的重大意义。早在 2003 年,中共中央《关于完善社会主义市场经济体制若干问题的决定》中就已经明确

---

① 马骏:《中国公共预算改革:理性化与民主化》,北京:中央编译出版社 2005 年版,第 150 页。

提出要“建立预算绩效评价体系”。2014 年修订的新《预算法》第五十七条提出“各级政府、各部门、各单位应当对预算支出情况开展绩效评价”，随后的《国务院关于深化预算管理制度改革的决定》(国发〔2014〕45 号)进一步提出具体要求，强调要“健全预算绩效管理机制。全面推进预算绩效管理工作，强化支出责任和效率意识，逐步将绩效管理范围覆盖各级预算单位和所有财政资金，将绩效评价重点由项目支出拓展到部门整体支出和政策、制度、管理等方面，加强绩效评价结果应用，将评价结果作为调整支出结构、完善财政政策和科学安排预算的重要依据。”可见，绩效预算是我国公共预算改革未来的发展方向。

值得注意的是，有关方面对这一项改革的用词是“预算绩效管理”，而不是“绩效预算”。由于改革的背景、目标及推行路径的不同，预算绩效管理与绩效预算虽字面相似、理念和方法共通，但是内涵却有很大的不同，二者在改革着眼点、路径与模式、预算主线、技术工具等方面差异明显。① 因此，从以往一般性的“预算绩效管理”到全面的“绩效预算”，是我国预算改革的一个重大发展。我们认为，随着我国预算管理法治化、制度化、规范化的不断发展，以及预算管理改革、中期财政规划、政府综合财务报告制度等国家一揽子预算改革举措的出台和整体推进，实现绩效预算的改革的时机已经基本成熟，我们应该努力推行绩效预算。

(二)推进绩效预算的对策措施

推行绩效预算，是一项复杂的系统工程，我们要在总结加强预算绩效管理工作的经验，以及绩效预算改革试点经验的基础上，扩大改革试点，并努力推动绩效预算在全国的全面开展。

---

① 高志立:《从“预算绩效”到“绩效预算”——河北省绩效预算改革的实践与思考》,《财政研究》2015 年第 8 期。

1. 建立健全基于政府部门职能活动的预算管理结构

这是河北省绩效预算改革的经验。河北省的绩效预算管理改革改变了原来单一层级的部门预算管理结构，建立了部门职责——工作活动——预算项目三个层级规范稳定的预算管理结构，并相对应地建立三级绩效目标指标体系①。这种管理结构，为预算和绩效紧密关联建立了管理层次，使所有预算项目都编列在与其对应的职责（职能）、活动之下，层级分明、绩效明确、责任清晰，便于绩效评价。这一管理结构的工作重点主要有三个：第一，建立部门职责和工作活动分类目录。先梳理各部门的职责，在各项职责下分解出工作活动，在工作活动下编制具体的预算项目。第二，建立三级绩效目标指标体系。在部门职责、工作活动、预算项目三个层级建立相应的绩效目标和指标。第三，实现分级绩效管理，明确财政、部门、单位间绩效管理职责。从河北绩效预算改革实践看，这一预算管理结构的构建起到了很好的作用，为实行绩效预算搭建了良好的基础平台。这一经验值得推广。

2. 建立健全绩效预算管理运行机制

绩效预算的顺利推进，首先需要强化预算管理全过程的绩效理念，具体来说是在预算编制阶段实施绩效目标管理，在预算执行阶段进行绩效跟踪监控管理，在预算完成阶段做好绩效评价，最后是对绩效评价结果进行充分应用。绩效预算管理必然要求改革和优化预算编制，应该强化预算编制环节的绩效理念，要求预算单位在编制预算时要订立绩效目标，制定绩效目标实施计划，做实前期基础工作；根据绩效预算改革的需要，完善评价指标体系，指导资金预算单位科学设定绩效目标；制定用于项目资金申报的操作范本，建立项目资金申报的绩效管理流程。其次，需要改革预算执行监控。要将绩效作为预算

---

①　高志立：《从“预算绩效”到“绩效预算”——河北省绩效预算改革的实践与思考》，《财政研究》2015 年第 8 期。

执行监控的主要内容,由监控支出进度转变为绩效进度和支出进度并重,将资金拨付与项目绩效目标完成情况结合起来,对绩效运行与预期目标偏离较大的,及时采取有效措施。再次,需要改革财政监督评价方式。将监督重点由合规性检查转变为绩效评价与合规性检查并重,采取部门自评、财政部门再评价和第三方评价相结合的方式开展项目绩效评价。

3. 完善绩效管理支撑体系

对预算绩效的考核也是一个系统工程,涉及绩效目标、绩效评价指标体系、评价组织体系、绩效管理信息系统等多方面的支撑体系,支撑体系是否科学、能否顺利运行,直接关系绩效预算的推行。

首先,要构建科学、客观、统一的具有可比性的绩效评价指标体系。中央应该自上而下建立科学的、统一的绩效评价指标体系,指导和推动全国预算绩效评价工作的顺利开展。各地财政部门也应努力探索,根据本地实际和不同单位性质、项目类型等分别设置绩效评价指标,丰富绩效评价指标和标准体系,增强评价指标的可比性。

其次,要完善绩效评价组织体系。这主要是从绩效评价的组织方式和实施机制方面下功夫。要健全部门自评、财政部门重点再评价和第三方独立评价相结合的绩效评价机制,特别是要积极引入中立第三方评价,构建多元化评价体系,从而提升绩效评价的科学性。要提高评价结果的公信力,对政府本级层面重点项目的评价,建议邀请本级人大、政协等权威机构的参与,而对于基层贴近民生民计、实事工程及社区管理服务等方面的项目,要吸收相关民众参与评价。在政府部门内部,要建立财政、发改委之间的联合评价机制,要重视财政部门的绩效评价与审计部门的绩效审计联动。

再次,建立健全绩效评价管理信息系统。要加快绩效预算的信息化建设,建立健全预算绩效管理数据库,为预算信息管理提供强有力的数据和技术基础。要建立和完善专家库和中介机构库,建设通用的预算绩效管理信息系统,整合部门数据库、中介机构库、专家库等相关数据库，实现评价信息资源的全国共享共用。

4. 强化绩效评价结果的应用

绩效预算是结果导向的，绩效评价结果能否有效运用，关系绩效预算改革能否顺利进行。如果预算的绩效评价只是走走过场，评价流程走完后将结果束之高阁，绩效预算就是一句空话。因此财政部门的绩效评价要与其他部门的年度目标管理考核、行风评议等联动，以整合资源，提高效率。要使绩效评价结果和预算编制、资金分配密切联系起来，以绩效评价结果作为决定预算资金分配的重要因素。要保障绩效评价结果的公开，完善绩效评价结果的反馈机制和问责机制，督促评价结果差的部门、单位认真整改。要将绩效评价结果与个人奖惩挂钩，将评价结果作为个人的升迁、岗位调整以及加薪加酬的重要依据，要加大对绩效不佳单位、部门负责人的问责力度。

5. 加强绩效预算制度建设

我国目前出台的预算绩效管理方面的文件还没有上升到法律的高度，新《预算法》尽管将“讲求绩效”作为预算工作的指导思想之一，但它并没有对如何进行绩效预算有明确具体的规定。目前实施绩效预算的顶层设计，确实还缺乏高层次的制度安排。因此我们应该完善立法，通过立法手段保障绩效预算走上制度化、规范化、法治化的道路。要尽快制定与绩效预算模式相适应的法律法规，依法推进绩效预算，把预算绩效评价的内容、方式和程序等以法律形式固定下来，明确绩效评价结果与预算编制之间的直接关联，强调把预算绩效评价结果作为编制预算、拨付资金的重要考虑因素，并对绩效评价结果的应用范围、绩效评价发现问题的行政问责等做出详细规定。总之要通过立法对绩效评价结果的运用目的、范围、程序、权限以及法律责任等做出具体规定，建立健全绩效预算法律体系，增强绩效预算制度的权威性和可操作性。

四　加强财政内部控制，强化廉政风险防控

（一）加强财政内部控制

1. 财政内部控制及其廉政意义

内部控制发源于企业管理实践，其目的在于防控各类管理风险，提高企业内部管理水平，是现代企业管理的基本手段。1948 年，美国注册会计师协会审计程序委员会在一份题为《一个协调系统中的内部控制要素：对于管理当局和独立公共会计师的重要性》的文告中对内部控制制度下了明确的定义，并首次将内部控制制度分为内部会计控制和内部行政控制制度两个部分。企业管理中内部控制的实践及其成就，引起了行政管理学界和政府的重视，内部控制被引入政府管理实践中来，各国政府采取许多措施强化政府内部控制。在理论界，也有不少学者对内部控制进行了强调，比如特伦斯和阿兰就指出，在当代社会，行政机关的内部结构变得越来越复杂，议会和司法机关根本就不可能对行政机关进行有效的控制，因此对行政机关的控制需要更多地关注其自我控制，他们还指出行政机关内部控制是立法和司法等外部控制得以运转的基础，认为具体承担内部控制任务的只能是政府各部，同时中央行政机关还要对各部进行控制和协调，以免各部在控制中做出相互矛盾的行为。①

财政内部控制，是政府内部控制的一种，是指为实现控制目标，通过查找、梳理、评估财政管理中的各类风险，进而制定、完善并有效实施一系列相应的制度、流程、程序和方法，对财政风险进行事前防范、事中控制、事后监督和纠正的动态过程及机制。

---

① Terence Daintith and Alan Page, *The Executive in the Constitution: Structure, Autonomy, and Internal Control*, Oxford: Oxford University Press, 1999.

从上述定义我们就可以看出，财政内部控制具有强大的反腐败功能。廉政风险是财政管理中的重要风险之一，是财政内部控制所要应对的核心风险。一个有效的财政内部控制机制，必然能够较好地处理和控制廉政风险，防治财政腐败。

党的十八届四中全会通过的《中共中央关于全面推进依法治国若干重大问题的决定》这一重要文件在对加强行政权力的监督制约进行部署方面，强调："加强对政府内部权力的制约，是强化对行政权力制约的重点。对财政资金分配使用、国有资产监管、政府投资、政府采购、公共资源转让、公共工程建设等权力集中的部门和岗位实行分事行权、分岗设权、分级授权，定期轮岗，强化内部流程控制，防止权力滥用。"这里所指出的财政资金分配使用、国有资产监管、政府投资、政府采购、公共资源转让、公共工程建设等权力集中的部门和岗位，其实都属于财政管理内容或和财政管理密切相关，中央强调，这些权力集中的部门和岗位要高度重视内部控制，以防止出现滥用权力的腐败现象。

在 2014 年 12 月底召开的全国财政工作会议上，财政部长明确指出，要"尽快研究建立和实施内部控制制度，牢固树立内控理念，引导干部职工将内控意识贯穿于日常工作中，增强财政部门落实党委政府决策部署的执行力，有效防范各类业务风险，确保财政干部廉洁和财政资金安全"①。这一论述明确指出了财政内部控制的重要目的之一就是保证财政干部的廉洁。

财政内部控制的实质就是针对财政权力运行中的各种风险，制定完善的制度，用制度管权、管事、管人。正如邓小平所说的：制度具有根本性、全局性、稳定性和长期性的特征，"制度好可以使坏人无法任意横行，制度不好可以使好人无法充分做好事，甚至会走向反面"②。对于财政权这一直接掌管资金的腐败风险很高的权力，用严格的、周密的制度来管权、管事、管人是防治腐败的必然选择。

---

① 本刊编辑部：《夯实现代财政制度基石——财政部全面推进财政部门内部控制建设综述》，《财政监督》2016 年第 3 期。

② 《邓小平文选》第 2 卷，北京：人民出版社 1994 年版，第 333 页。

从现实来看,我们上一章所分析的江西省鄱阳县财政局经济建设股原股长李某腐败案,就凸显了财政部门内部控制的问题。他在连续四年多的时间里与同伙从财政专项账户上套取相当于该县年财政收入四分之一的近亿元资金,作案时间如此之长、涉案金额如此之大竟然无人察觉,案发还是由于他本人在外逃后主动打电话告知单位领导,可见该财政局内部控制之形同虚设。从全国来看,尽管如此极端的个案并不多见,但总体来看,财政部门的内部控制在不少地方确实存在问题。

2. 强化财政内部控制的建议

近年来,财政内部控制引起了财政部的高度重视,相继出台了一系列举措。2012 年财政部会计司印发《行政事业单位内部控制规范(试行)》后,各省开始部署行政事业单位的内部控制,尝试建立内部控制框架,完善工作流程,反馈内控信息,积极推进行政事业单位内部控制工作。此后,财政部为落实党的十八届三中全会和四中全会精神,推进党风廉政建设,实现财政部财政管理现代化,于 2014 年 11 月 1 日实施《财政部内部控制基本制度(试行)》并提出八个专项内部控制办法。2015 年 12 月 4 日,《财政部关于加强财政内部控制工作的若干意见》发布,进一步在全国部署财政内部控制工作。但是从全国来看,这一工作的进展步伐较为缓慢,成效还不是很明显,还需进一步加大工作力度,强力推行。

(1)优化财政内部控制环境。财政内部控制环境包括财政部门的组织构架、权责分配、人事制度、财政文化、管理运行与财政监督机制等诸多方面。政府特别是财政部门的各级主要领导必须高度重视内部控制工作,领导班子尤其是主要领导要牢固树立内部控制理念,对强化内部控制建设要亲自部署、亲自推动、亲自过问、亲自督办。要成立本部门的内部控制委员会,明确内部控制委员会的领导和委员人选,确定内部控制委员会下设的办公室和成员单位的职权职责。要明确本部门各单位的内部控制联络员,建立分工明确、责任清晰、齐抓共管的内部控制组织管理架构,层层传导压力,层层抓好落实。制度建设的更高层次要求是要形成一种制度文化,使单位全体成员自觉主动地将制度执行贯穿于日常行为中,因此财政部门要大力倡导和推进内部控制文化建设,营造良好的内部控制文化氛围,使每一位工作人员积极主动参与内部控制。

(2)加快内部控制制度体系建设,构建内容协调、程序严密、配套完备、有效管用的制度体系。要结合本地区、本单位实际设计内部控制基本制度,将业务、流程进行分类,根据预算编制、预算执行、政府采购、资产管理、非税收入和债务管理等财政管理不同业务特点和需要分别制定内部控制规范,明确各项财政管理业务的整体层面内部控制要求和业务层面内部控制要求。要明确内部控制制度的适用范围及控制目标,提出内部控制的主要要素和应当遵循的原则,明确专项风险内部控制的种类、方法、主要内容以及职责分工。要认真组织各单位开展本单位业务流程梳理和风险评估工作,形成本单位业务流程框架、流程风险点及控制措施等,科学制定本单位业务流程相关的内部控制操作规程。

(3)在深入调研的基础上,采用和优化符合本地本单位实际的控制方法。要深入梳理预算编制、预算执行、政府采购等财政业务重点领域和主要流程,抓住重要环节和控制节点,分析存在的业务风险和廉政风险,厘清责任边界,按照分事行权、分岗设权、分级授权的要求,采用和优化符合本地本单位实际的控制方法。可以考虑的控制方法包括:①不相容岗位(职责)分离控制,即关键岗位应具备双保险机制,建立人员 A/B 角制度;②授权控制,即对授权主体的权限范围、流程、监管进行严格规范;③归口管理,即优化机构设置,合理划分、科学配置内设机构职能;④流程控制,即制定涵盖财政业务活动的书面流程,通过流程再造将内控管理嵌入各项业务流程。此外还有集体决策、风险管理、内部报告、信息技术等等控制方法。各地财政部门要在深入调研的基础上优选和综合运用这些控制方法。

(4)加强财政内部控制信息化建设。要高度重视财政内部控制的信息化建设,将内部控制制度、操作规程、内部控制理念、控制活动、控制措施等固化融入业务生产系统、专项业务系统和办公自动化系统，最大限度地减少人为操纵因素，建设覆盖财政各业务系统的内部控制监督管理工作平台，实现内部控制的技术化约束。要建立健全财政风险识别和预警机制，通过信息采集、风险预警等技术手段，强化流程控制，对财政资金运行全过程等财政主要业务的内部控制有效性进行监控，对财政内部控制各项业务进行管理，做到过程留痕、责任可追溯，实现财政部门内部控制的信息化、程序化和常态化。要进一步加强信息系统建设，及时、准确、全面地收集、处理、传递与内部控制相关的信息数据，确保信息数据在财政部门内部以及财政部门与其他部门之间进行有效沟通和利用。要建立健全财政信息化岗位责任、操作授权管理、身份认证和财政数据加密管理等信息化管理制度，确保财政业务信息化处理过程高效、稳定和安全，为财政改革的深化和财政管理水平的提高提供有力的技术支撑。

（5）建立健全公平高效的内部控制评价体系。各地财政部门应当以内部控制规范为依据，科学确定考核评价的重点和标准，将专项风险内部控制办法及操作规程当中的风险进行量化，设定合理的分值，将各单位内部控制制度执行情况、自查自纠情况、风险事件应对情况、专项检查处理及整改落实情况等纳入考核评价范围和指标体系，逐步形成科学、合理、公平、公正的考核评价指标体系。

综合运用自评、内部控制部门（财政监督部门）评价、专家评价或第三方评价等多元化评价方式，科学、合理地设定每种评价方式的分值，构建高效的内部控制评价体系。

（6）加强监督检查与考核结果运用。严格的内部监督是内部控制顺利实施的重要保障，必须高度重视对财政内部控制的监督检查。要强化内部控制执行的日常监督和专项监督，对财政内部控制制度制定和执行情况进行定期或不定期的日常检查，适时通报检查结果，对做得好的单位和个人予以表扬，对工作不力的单位和个人予以通报，及时发现问题、及时要求整改；同时也要针对重大风险领域开展专项监督，注重根据风险评估结果和日常监督的有效性来确定专项监督范围及频率。要建立严格的监督检查问责机制，对内部控制失职失察的单位和干部职工违规行为要严肃追究责任。根据风险事件不同等级,制定对应的惩戒措施,坚持有责必问、问责必严。要健全监督检查结果运用制度,强化对结果的运用,在干部选拔、任用、奖惩,以及单位和个人年度考核、评先等工作中充分利用内部控制工作监督检查和考核的相关成果,细化问责的程序和标准,将单位和个人内部控制制度执行情况与评"优"评"先"、干部提拔使用等挂钩,全面提升内部控制成效。

(二)强化财政部门廉政风险防控

严格来说,财政部门的廉政风险防控也属于财政内部控制范畴,但考虑到廉政风险防控对于预防腐败的特殊意义,所以在这个专门讨论以预算改革推进廉政建设的研究报告中,我们把它从财政内部控制中单列出来加以强调。财政部门财权在握,廉政风险自然很高,这些风险既来自于预算编制、执行、监督、政府采购等财政资源分配制度中的漏洞,也来自于财政部门工作人员的道德风险,还有外部环境风险,比如来自外部的收买、贿赂、围猎等等。众所周知,从廉政风险来看,掌握资金的部门、岗位是高风险的部门、岗位,因此财政部门当然应该高度重视廉政风险防控工作。财政部门廉政风险防控的意义,已经为理论界和实务界所公认,这里我们就不展开分析,我们把重点放在探讨财政部门如何做好廉政风险防控工作。

1. 全面清理和梳理财政权力

晒权是廉政风险防控工作的第一步,也是基础性的工作,必须要抓好。财政部门权力十分广泛,根据职能部门权力分类,有预算管理权、专项资金管理权、政府采购权、行政事业单位资产管理权、财政监督管理权、会计行政许可权、项目建设管理权、政策法规制定权、内部事务管理权等。按照职能分,有财政分配监督管理类权力、行政管理类权力和其他权力三大类,其中财政分配监督管理类权力包括财政资金分配权特别是专项财政资金分配权、收入减免权、监督检查权、审核审批权、行业管理权、行政处罚权等。行政管理类权力包括人事管理权、财务管理权、资产管理和采购权、考核评比权、事业单位经营管理决策权,以及重大项目、重大财务事项、应对突发事件决策权等。抓好廉政风险防控工作,必须对这些权力进行全面清理和认真梳理,明确财政部门的权力清单和责任清单。要优化权力运行的流程,对经过清理确认的各项权力,要确定其办理的主体、法律或政策依据、办理的程序、办理的时限、办理需提交的材料以及监督的渠道,绘制"权力运行流程图",认真把握财政权力运行的关键环节,从而明确岗位职责、强化岗位责任。

2. 紧盯重点,认真排查廉政风险点

在梳理权力的基础上,针对各岗位,特别是管理资金、项目、人事、财务、行政许可等重点岗位,全面、准确查找各岗位的廉政风险点。风险点的排查不能闭门造车,而是要以开放的、多方参与的方式认真查找,既要有单位内部的自己查、同事帮、领导提,也要以合适的方式听取单位外部的群众和管理对象意见;既要有业务机构的自查,也要有业务机构的互查,最后由组织审定。既要注重查找权力运行过程方面的风险,也要查找制度机制方面的风险,还要查找思想道德方面的风险。对于排查出来的风险点,要确定风险等级,一一分解落实到每个岗位,并揭示风险发生的可能性、危害性、自由裁量权的随意性,以便制定相应的防控措施。

3. 紧扣权力健全制度

抓好廉政风险防控,关键是要分解权力、制约权力。因此必须优化权力结构,科学分解权力,保证财政权力在纵向和横向两个维度都要受到严密制约,并以严格制度规范分权后的权力运行。首先,必须加强对财政权力的纵向控制,具体来说可以把内部业务机构的资金分配及支出审核、财政审批事项,按照层级实行纵向层层把关。其次,要强化权力的横向分权配置。这一方面要

实现单个业务机构内部的横向分权,即将业务机构内部的资金管理按预算指标、支出计划、支付审核、拨付办理、会计核算等环节加以分解,设置不同岗位分别行使这些环节的权力,从而构建业务机构内部不同岗位之间的制约;另一方面,当然也要注重财政部门内部业务机构与业务机构之间的分权,比如可以依据资金管理的流程和形态,在不同业务机构之间分解权力,实现业务机构之间的相互制衡。再次,在分权的基础上,对财政权力运行的关键岗位和关键环节,强化流程控制,细化、优化工作流程和操作规程,规范财政权力运行程序。最后,把上述分权和优化流程的结果用制度固定下来,对各项工作制度进行修改、完善,实现用制度管权、管事、管人。

4. 建立健全廉政风险防控体系

廉政风险防控是一项系统性工程,要强化财政部门的廉政风险防控,当然必须健全和完善廉政风险防控体系,要把廉政风险防控细化到财政权力行使的每个具体环节,做到财政权力运行到哪里,风险防范措施就跟进到哪里。具体来说,财政部门要建立健全以下廉政风险防控机制:

(1)廉洁自律机制。要以廉政文化建设和党性党风党纪教育等活动为载体,深入开展反腐倡廉教育,并把廉政教育与管理结合起来,加强对财政部门领导干部及工作人员廉洁自律情况的监督检查。

(2)制度约束机制。这既包括财政部门内部规范财政权力运行的各种制度,也包括人大、组织人事、纪检、审计等其他机关和部门对财政部门的监督制约制度,形成对财政权力全方位监督制约制度体系。

(3)技术监督机制。要有效运用现代技术手段,促进技术反腐、技术防腐。要加快财政系统的信息化建设,建立健全财务核心信息集中监管系统、实时在线财政预算监督系统,搭建财政支出管理电子平台和电子监察系统。

(4)监督检查机制。财政部门要加强对廉政风险防控的监督检查,及时发现问题和漏洞,认真整改。

(5)责任追究机制。要通过严格的责任追究,保证有职者必须忠于职守,有权者必须秉公用权,滥权者必须严厉问责。

5. 加强廉政风险预警管理和动态管理

廉政风险防控须重视预警管理。要针对腐败风险高的关键环节和关键岗位加强风险管理,建立健全纪检监察、组织人事、巡视、审计、督查、信访等部门之间的廉政信息沟通和信息共享机制,注重通过信访、举报、申诉、查办案件、案件审判、审计、巡视、述职述廉、干部考核以及领导干部重要事项报告等等多种渠道收集财政部门干部特别是高风险岗位干部的廉政风险信息,投入必要人力对这些风险信息加以仔细分析,对有可能导致腐败的倾向性、苗头性问题要迅速启动风险预警管理,根据需要采取风险预警、廉政约谈、纪检介入、诫勉谈话、内部通报、责令纠错、组织处理等措施化解风险。有条件的地方可以建立电子化的廉政风险预警管理系统,实现廉政预警管理的电子化、信息化。同时还要重视对廉政风险防控的动态管理。廉政风险防控不是一时的事情,必须常抓不懈。要根据不断变化的形势,定期进行廉政风险评估和风险点排查,把握风险演化态势,及时调整岗位风险等级,完善制度和防控措施,加强对财政廉政风险的动态管理。

五　严肃责任追究,强化预算问责

(一)预算问责的廉政功能

1. 预算问责的概念

预算问责是一个国家政治问责体系中的重要组成部分。按照谢尔德(Schedler)的界定,政治问责这一概念有两个基本的内涵:其一是官员对自己的行为负责,这主要是指公共官员有义务告知和解释他们的活动;其二是强制，即问责机构有能力对不负责任的权力使用者实施惩罚。① 这一界定属相对宽泛的理解，把信息公开和对民众质疑的回应与解释也包括进来了，基于中国现实中预算信息公开的复杂性，为了突出核心论题，此处对预算问责的理解不包括这一方面的内容，仅指对违反预算管理法规、制度，没有正确履行预算管理职责、滥用预算资金等行为者的责任追究。

2. 预算问责的廉政功能

问责是公共预算制度中的当然内容。政府预算活动是以国家为主体的分配行为，预算在本质上是以国家为主体的财政资源收支系统和活动。按照爱伦·鲁宾所说的，政府的预算管理须做到：

(1)遵守现行的预算管理法律、法规；

(2)预算透明，预算应该向公众公开；

(3)保证公众能够通过正当的途径对预算决策施加直接影响；

(4)确保选举产生的官员对预算结果负责②。缺少预算监督以及由此而来的预算问责，预算过程就是不完整的，预算管理也会因为违规者可以不受处罚而成为空谈。

从历史来看，预算制度的产生，在很大程度上就是为了构建责任政府。现代预算制度是在限制国王们滥用财权的斗争中产生和发展而来的，其核心目标就是保障政府的政治责任，这就使得现代公共预算一个重要的特征就是高度的政治责任③。卡恩通过对美国预算改革历史的考察指出，“预算告诉我

---

① Schedler, A., “Conceptualizing Accountability”, In Schedler, A., Diamond, L. & Plattner M. eds., *The Self-Restraining State.* Boulder, CO: Lynne Rienner, 1999, 14.

② Rubin, I., “Budgeting for accountability: municipal budgeting for the 1990's”, *Public Budgeting & Finance*, 1996(16): 112-132.

③ Caiden, N., “Shaping things to come: super budgeters as heros (heroines) in the late twentieth century”, In Rubin, I. Eds., *New directions in budget history.* New York: State University of New York Press. 1988.

们,政治家是负责任的,因为他们必须根据某些条例来花我们的钱。不管它运行的现实情况如何,仅仅是它的存在,就是再次对我们做出的保证"①。进一步看,预算制度对责任政府的意义,还表现在:问责需要民众知晓反映政府、官员们活动的相关信息,而这些信息中最重要的应该是财政信息,因为政府活动与公共资金是密切联系在一起的,没有钱政府什么活动都开展不了,因此政治问责必须与预算问责联系起来,才能具有实质内容②。因此,"对于建立一个负责任的政府这一目标来说,财政问责是最核心的"③。

预算问责对构建廉洁政府的意义,不仅表现在如上所述它对责任政府建设的作用。客观地说,这只是一种间接意义上的价值。事实上,预算问责对建设廉洁政府更具有非常重要的直接价值。道理很简单:政府的管理活动,都离不开公共资金的使用,因此,通过预算的审查、批准、监督来对政府手中掌握的资金及其使用加以控制,就成为制约政府权力的杀手锏。通过对预算资金的使用监控,对违规者的问责和惩处,可以起到有效的震慑、阻吓作用,使有腐败企图的官员"不敢腐败"。

预算问责还可以提高财政资金的使用效益,促进廉价政府的实现。在公共选择理论看来,政府机构及其官员也是"经济人",也会追求自身利益的最大化。丹尼斯·缪勒指出,政府机构及其成员都有自身利益最大化的动力,政治家追求选票,而官僚追求预算最大化。④ 官员对预算最大化的追求会导致政府开支不断膨胀,造成财政资源的巨大浪费。严格预算问责,对政府部门及官员使用财政资金的行为进行审计、比较,对其资金使用效益进行综合评价和考核,并以此奖优罚劣,在一定程度上可以遏制官员对于预算最大化的追求,

① [美]乔纳森·卡恩:《预算民主:美国的国家建设和公民权(1890—1928)》,叶娟丽等译,上海:世纪出版集团2008年版,第5页。

② Funnel W.and Cooper K., *Public sector accounting and accountability in Australia*, Sydney: University of New South Wales Press, 1998: 10.

③ 马骏、赵早早:《公共预算:比较研究》,北京:中央编译出版社2011年版,第27页。

④ [美]丹尼斯·缪勒:《公共选择》,王诚译,北京:商务印书馆1992年版,第83页。

减少政府开支，提高财政资金的使用效益，构建一个廉价的政府。著名学者威尔达夫斯基和凯顿对此有明确论述："从最一般的意义上看，预算是关于将金融资源转变为人们目的的过程。所以预算也可以被看作是附有价格标签的一系列目标"；"强调一笔钱运用的政策效果，或者强调以最小成本达到理想目标，那么预算就可以被看作是保证效率的工具"①。

反腐败是一个规制用人和规制用财的问题。规制用人主要靠公务员制度，在中国还有党内的相关干部人事制度，而规制用财的核心制度就是预算制度。预算制度可以通过事前对资金使用计划的审查、批准，保证资金分配的公平、效率和廉洁，以及保证经济社会目标的实现；预算制度还可以通过资金使用者的用财行为进行考核、评价、奖惩，提高资金使用效益。后者正是预算问责的重要功能所在。

当前我国反腐败取得了明显成就，但腐败形势仍然严峻和复杂。在党中央反腐决心如此坚定、反腐力度如此之大的背景下，腐败仍时有发生，这其中必有深刻原因，我们认为重要原因之一就是公共预算改革的滞后，公共预算制度建设仍然是国家制度建设的薄弱环节。我国的预算制度仍然存在许多腐败隐患，而预算问责在制度建设方面的滞后以及实践运行中的乏力，又在一定程度上纵容和助长了预算腐败行为。邓小平同志早就强调"加强财政监察是财政工作的关键"②，和预算相关的腐败广泛存在，说明了财政监察工作任重道远，也突出了预算问责的重要性。

公共预算必须对公民负责，这是现代公共预算的基本要求，也是公共预算需要实现的目标。③ 再加上预算问责具有如上所述的强大廉政功能，要通过公共预算改革构建廉洁政府，就必须强化预算问责。④

---

① ［美］阿伦·威尔达夫斯基、内奥米·凯顿：《预算过程中的新政治学》（第四版），邓淑莲、魏陆译，上海：上海财经大学出版社 2006 年版，第 2 页。

② 《邓小平论财经》，北京：中国财政经济出版社 1997 年版，第 224 页。

③ 马骏、赵早早：《公共预算：比较研究》，北京：中央编译出版社 2011 年版，第 27 页。

④ 参见龙太江：《论预算问责的廉政功能及其开发》，《广州大学学报》2017 年第 9 期。

（二）预算问责体系及其问题

1. 预算问责体系的构成

预算问责涉及到问责主体、客体、内容、制度、程序、文化等等多方面的复杂关系，这些关系构成了问责体系。限于篇幅和突出重点问题的考虑，这里就其中的问责主体、内容和文化三个方面加以简单探讨。

关于预算问责的主体，学界有不同的分类。有学者根据现实中存在的各种问责主体，把预算问责分为：立法问责、司法问责、行政问责、社会问责和预算单位内部问责。① 立法问责是立法机关进行的问责，其主要方式是听取行政机关的预算执行报告，审批决算报告，进而追究违规者的责任；行政问责是相关行政机关对预算单位的问责；司法问责是司法机关对违反预算法律行为的惩处；社会问责是公众、社会组织及社会舆论对预算的监督和问责；预算单位内部问责主要指预算单位的内部审计部门所进行的预算相关审计。有学者则从制度化的角度，把预算问责分为官僚问责、横向问责和社会问责②。其中官僚问责是指行政机关内部的问责，其目标是在政府内部建立下级部门或者官员对其上级负责的问责制度；横向问责是与行政机关平行的其他国家机关进行的问责。还有一种更简单的分类，根据直接产生法律效果的不同，分为权威问责和社会问责，前者指法律赋予特定问责权力的机关进行的问责，后者则是一般的社会公众进行的问责。这些分类，各有其适用价值。

从责任内容看，预算问责追究的责任主要有政治责任、行政责任和刑事责任。政治责任即责任主体在政治上应该承担的责任，按照我国《宪法》《监督法》及相关组织法的规定，严重违反财政预算规定的行为需要追究相关责任

① 郑石桥、贾云洁：《预算机会主义、预算治理构造和预算审计——国家审计嵌入公共预算的理论架构》，《南京审计学院学报》2012 年第 4 期。

② 马骏：《治国与理财：公共预算与国家建设》，北京：生活 · 读书 · 新知三联书店 2011 年版，第 166 页。

人的政治责任，政治责任主要是由人大及常委会通过撤职案、罢免案等形式予以追究。行政责任即违法违规的责任人在行政上应该承担的责任，主要形式是行政处分，即由上级机关、本级政府或其财政部门对相关责任人予以行政处分，这是行政体系内部上级对下级的问责。刑事责任则是指对违法预算法规或其他法规，情节严重构成犯罪的，由司法机关进行的刑事处罚。这三种责任和问责方式互相补充，构成一套系统的预算问责责任内容和追责方式。

预算问责文化是问责体系内部和外部人员对预算问责现象的价值判断，是与预算问责相关的观念体系。预算问责制度的建立和高效运行需要相应的文化土壤和文化支撑，问责文化是一种非正式制度，在一定程度上引导、约束和规范着人们的预算问责行为。预算问责文化在一定程度上受到历史文化传统的影响，但主要还是长期的预算管理实践特别是预算问责行为潜移默化影响的产物。

2. 我国预算问责体系存在的问题

从我国预算问责实践来看，尽管随着公共预算改革的深入，问责制度体系逐步形成，但制度运行的实际效果并不理想。有学者经过专门考察后指出，“中国在问责方面已经取得了很多进展。然而，进展最大的领域是官僚问责。在其他的两个领域——横向问责和社会问责，进展则比较缓慢”①。这一评价是很客观的。以下我们将从进展缓慢的横向问责和社会问责两个方面分析预算问责存在的问题。

在横向问责领域，主要是两个主体的问责：掌握“钱袋子的权力”的人大的问责和作为“看门人”的审计部门的问责。改革开放以来，尽管从全国人大到地方各级人大都逐步重视和不断加强监督预算工作，也有个别地方人大会议期间，人大代表强烈质疑某些公共资金被用于满足私人目的，甚至有个别地

① 马骏：《治国与理财：公共预算与国家建设》，北京：生活·读书·新知三联书店 2011 年版，第 183—184 页。

方人大投票否决了代表们认为不恰当的政府项目,但正如有学者经过比较后指出的,各级人大的预算监督力度、广度和深度都同宪法的要求、同人民对人大的期望差距甚远,人大预算监督弱化已经成为长期性问题。① 也有学者通过问卷调查,得出结论,如果满分是 100 的话,我国人大预算监督效力综合得分仅为 43 分,其中"人大的预算决策是否有严格的责任追究机制"项目得分很低,一位接受调查的人大代表甚至评价说:"虽形式上人大法定预算监督权,但实际上预算决策权、预算执行权、预算问责权均游离人大之外。"②在出现问题多、社会关注度大的预算执行的监督方面,各级人大采取的监督方式主要是审查预算执行情况报告、审查预算调整方案、审议审计关于预算执行情况的报告,这些可算是人大预算监督的"常规动作",但实际上这些更多的只是形式化、程序化的监督,鲜有产生引起关注的问责行动。此外,各级人大也采取其他监督形式,如开展询问和质询、组织常委会视察活动、执法检查和工作调研等。但这些并非人大预算监督的常规工作,开展得并不普遍,特别是像专题询问、质询这样能够突出热点问题、引起社会关切的监督问责形式,目前开展得还很不够,远没有制度化和常态化。至于针对预算违法违规的特定问题调查,就笔者掌握的资料看,似乎未见公开报道。

在审计问责方面,前些年的"审计风暴"曾引起广泛关注,但客观地说,审计问责力度并不大、效果也不如人意。分析审计署的审计报告可以发现,一些问题重复、高频出现,一些部门在不同年份的审计报告中多次被点名③。之所以出现这种屡查屡犯的现象,有学者通过构建理论模型和实证研究,发现审计发现率、审计处理率和审计处罚率会对中央部门的预算违规行为产生影响;通过对中央部门预算执行审计的数据分析发现,预算执行审计不是抑制了预算

① 王淑杰:《议会监督预算能力研究——兼论我国人大预算监督》,《财经论丛》2009 年第 3 期。

② 魏陆:《人大预算监督效力评价和改革路径选择》,《上海交通大学学报(哲学社会科学版)》2015 年第 1 期。

③ 参见本书第 4 章第 2 节。

违规,而是诱导了预算违规,产生这个结果的主要原因是审计处罚没有力度。[①] 可以想象,对一个单位而言被审计的概率并不是很大,即使被审计了并且也在审计中发现了问题,但如果审计处罚力度不大,审计问责乏力,地方和部门领导根本就不会对相关违规行为引起重视,屡查屡犯也就不奇怪了。我们不妨对《国务院关于2016年度中央预算执行和其他财政收支的审计工作报告》进行简单分析,可以看出审计中发现了中央部门和地方政府在预算执行中存在许多问题,对这些问题的处理,用的多是有关部门和地方正在研究整改之类的表述,处理、追究个人责任的情况并不普遍。比如,在对扶贫资金的审计中发现了如下许多问题:有119个县财政涉农资金统筹整合试点推进慢,基本还按原渠道、原方式,分头申报、实施和管理,其中84个县形成闲置资金19.54亿元,有6.23亿元闲置两年以上;资金日常监管还不严格,有96个县发生骗取套取、违规使用等问题297个、涉及扶贫资金3.81亿元;阳光化管理要求未能有效落实,有41个县的568个项目未按规定公开公示。但是,对于如此大面积的违规,其追责处理责任人的结果是仅处理处分44人。[②] 由此可见,审计问责特别是对责任人的处分力度并不大。在审计实践中,问责力度不大已成公认的事实:针对单位集体进行问责的多,对个人进行问责的少,实施经济处理处罚多,追究政治、行政和刑事责任的少。

在社会问责方面,一个亮点是对“三公”经费的关注与监督。多年来我国公费旅游、公车消费、公款吃喝等“三公”经费居高不下,引起了民众和社会舆论的强烈关注。在此背景下,国务院2010年首次要求中央各部委公开“三公”经费。“三公”经费的公开及民众对此持续的监督,使得国务院各部委的“三公”经费预算在随后的几年里都出现了一定的下降,社会问责对该问题的

---

① 宋达、郑石桥:《政府审计对预算违规的作用:抑制还是诱导?——基于中央部门预算执行审计数据的实证研究》,《审计与经济研究》2014年第6期。

② 参见《国务院关于2016年度中央预算执行和其他财政收支的审计工作报告》,2017年6月23日,见http://www.audit.gov.cn/n4/n19/c96986/content.html。

监督无疑是比较成功的。但客观地说,从总体来看,对于预算违法的社会问责的力度还是很弱的。尽管中央和地方在预算公开方面有较大进展,但大多数部门的预算公开仅仅只是一页纸中简短公布了几项开支的总数字,预算公开还很粗糙,预算透明度的提高还有很大空间。预算知情权的落实不到位,在很大程度上影响了民众对预算的监督与问责。此外,民众在预算问责方面的渠道并不畅通,问责的积极性不高,问责的效果不大,这也是社会问责方面存在的突出问题。

在预算问责文化方面,也存在诸多问题。首先是预算意识的薄弱。社会公众、官员等各个群体普遍缺乏预算意识,对预算的价值认识淡薄,对预算的权威性、严肃性漠然视之,依预算用财的理念远远没有形成,对预算违规的严重性认识也很不充分。其次,责任意识偏差大。把负责任片面理解为对上级和领导负责,而对来自同级的、其他部门的监督制约比较排斥,对来自公众、社会的监督制约则更是漠视。责任担当意识也不强,一些官员习惯于掩盖问题,回避错误,不敢正视问题,遇到问题总想如何大事化小、小事化了,遇到担责事宜总想推脱,习惯于逃避责任。再次,"官本位"文化的影响大。长期形成的"官本位"文化依然根深蒂固,在一些官员中形成了"以官为本"的价值取向,产生了对权力、官位的崇拜和敬畏,进而催生出长官意志、唯上是从、权力至上观念和依附意识。第四,法治意识的淡薄。不少官员没有树立起法律至上、依法理财、预算法治的理念,人治意识浓厚,善于钻法律的漏洞,不认真对待法律,不认真对待自己的法定义务,也不重视别人的法定权利。最后,从公众方面来分析,则表现为公共精神的缺乏和理性参与意识的薄弱。不少人只关心自己眼前的私利,无视公共利益,对与己无关的事务视而不见、听而不闻,不愿意付出时间和精力参与公共事务。也有不少人缺乏利用合法、合理手段去维护自己利益或者参与公共事务的意识,更缺少通过合法手段追究官员预算违规责任的意识。

（三）强化预算问责的对策建议

当前我国腐败形势仍然比较严峻、复杂，因此我们要重视一切有利于治理腐败的制度、机制的建设。预算问责这一有着强大廉政功能的反腐机制当然也应该得到高度重视，我们应该努力开发预算问责的廉政功能，以强有力的预算问责规范政府的理财、用财行为，推动廉洁政府的实现。①

1. 继续强化官僚问责

尽管如前所述官僚问责是我国预算问责方面进展最大的，但这并不意味着对预算违规的官僚问责就已经做得很完美了，实际上这方面的问题也不少。中国历来就是一个行政权强大的国家，行政系统内部自上而下的控制、问责在力度和效率方面也具有天然优势，发挥行政系统内部问责的优势是一个必然的、可行的选择。因此需要进一步强化政府特别是财政部门对预算违规的查处、问责，进一步严肃财经纪律，强化财政资金使用管理，进一步加大监督检查和问责的力度，对违反财经纪律的行为坚持零容忍，坚决处理、严肃问责。

2. 大力推进人大的预算问责

立法问责是预算问责体系中非常重要的环节，从发达国家权力配置和权力运行情况来看，财政权是代议机关最为重视的核心权力之一，各国议会在财政监督、预算问责方面的积极性、主动性非常高。随着我国政治文明建设的发展，人大在政治生活中将发挥越来越大的作用，而人大对财政资源的配置、监督、问责无疑是一个具有巨大发挥空间的领域。各级人大应该强化监督意识，提高预算问责的主动性。另一方面，一些制约人大预算问责的体制因素也应引起重视，可以通过深化改革、完善立法等途径来纠正。从组织机构来看，各

① 参见龙太江：《论预算问责的廉政功能及其开发》，《广州大学学报》2017 年第 9 期。

级人大的相关机构设置过于简单、人力资源配备也很紧张,可以考虑在市级以上人大增设公共收入委员会、公共审计委员会等机构,作为人大强化预算监督和问责的工作机构。作为权力机关,针对现实中普遍存在的预算违规及腐败现象,各级人大应该充分行使宪法和法律赋予的预算监督权力,强化针对预算执行的监督检查并严肃责任追究,必要时可以通过质询、特定问题调查等容易引起社会关注的机制启动问责。此外,各级人大也应注重制度创新和机制创新,不断探索强化预算问责的新形式、新方法。

3. 努力实现审计问责的制度化、常态化

审计机关是国家财产和公共利益的"看门狗",在治理预算违规和预算腐败方面承担毋庸置疑的职责,强化审计问责是加强预算问责的必然选择。要大力推进审计问责的制度化,完善审计问责的法律法规,明确审计问责范围、问责方式和对问责结果的跟踪;要完善《预算法》《财政违法行为处罚处分条例》等其他法律法规,形成配套制度体系,使审计问责进一步规范化;应该赋予审计机关必要的处理处罚权,这种处罚权既包括对物的处罚权,也包括对人的处罚权。此外,还应该注意,在行政权强势的背景下,审计问责不是万能的,在一些地方一些情况下甚至是弱势的,因此需要整合各方力量,建立多元审计问责体系。为此需要完善审计机关与人大、纪检监察、司法机关以及党委等的信息交流、信息共享机制;要推进审计公开,通过公开形成强大的舆论力量和政治力量,落实和促进审计问责。

4. 稳步推进社会问责

社会问责的发展需要一个成熟的公民社会,因此应该努力培育公民社会,特别要推动社会组织的培育与发展。印度的公民预算组织就比较发达,在预算问责方面发挥了十分积极的作用。"印度的公民预算组织就是通过预算分析、预算跟踪、绩效监控等措施,把公共预算中缺失的链条衔接起来,把内在于

公共预算中的政府问责制运转起来。"①我国也有民间组织在关注预算透明、预算监督,需要大力培育民间预算组织,鼓励和引导民间组织积极参与预算监督和预算问责。推进社会问责需要保障公众的知情权,要进一步强化政务公开、促进透明政府建设,要加大预算公开力度,细化公开内容,并确保公开的预算通俗易懂。要健全公众参与机制,努力探索预算听证、网络参与等新的参与和问责形式,扩大公众参与的深度和广度。

5. 适时建立纳税人诉讼制度

纳税人诉讼是指"纳税人以纳税人的身份就公共资金的违法支出向法院提起的诉讼"②,简单地说,"是对行政机构违法支出公款而提起的诉讼"③。发达国家早已建立起纳税人诉讼制度,通过纳税人诉讼可以有效地对政府机关及其工作人员滥用财政资金的行为进行监督、问责。我国目前还没有建立该制度,但《宪法》第 41 条规定,公民对于任何国家机关及其工作人员,有提出批评和建议的权利,对于其违法失职行为,有向有关国家机关提出申诉、控告、检举的权利。这一规定可以成为纳税人诉讼制度建立的法律依据。"纳税人诉讼正是纳税人以公益诉讼权方式保障用税监督权的实现,同时也是预算问责的一种方式"④,因此为了推进预算问责,加强廉洁政府建设,我们应该适时建立纳税人诉讼制度。我们应该加快纳税人诉讼的法律法规建设,对纳税人诉讼的原告资格、受案范围、举证责任、诉讼费用承担等进行详细规定。可以借鉴国外经验,对在纳税人诉讼中胜诉的原告给予一定的金钱奖励,以激

---

① 凌岚:《让公共预算中的政府问责制运转起来——对印度公民预算组织的考察》,《当代财经》2009 年第 3 期。

② 张献勇:《浅谈设立纳税人诉讼制度》,《当代法学》2002 年第 10 期。

③ [日]藤仓皓一郎等:《英美判例百选》,段匡、杨永庄译,北京:北京大学出版社 2005 年版,第 295 页。

④ 闫海:《公共预算过程、机构与权力:一个法政治学研究范式》,北京:法律出版社 2012 年版,第 144 页。

励公民通过纳税人诉讼对贪污腐败、滥用公共资金的行为进行监督、问责。

6. 加强问责文化建设

要在政府系统及全社会大力进行预算知识的教育，提高人们的预算意识，特别是对预算严肃性、预算责任的认识。要加强对公职人员的法治教育，强化责任意识、法治意识。要在民众中努力培育公共精神和理性参与意识，培育参与型政治文化。需要强调的是，问责文化建设是一项长期性工作，不可能毕其功于一役，需要持久的、细致入微的努力。

结　语

政以财立，国以财兴，预算能力是国家治理能力的重要内容，甚至在一定意义上可说治国即理财。早在唐朝，理财家杨炎就强调财政是“邦国之大本，生人之喉命，天下理乱轻重皆由焉”①。可惜的是，专制政治下发展不出能够科学理财、高效理财的公共预算制度。在当代，科学理财、民主理财、依法理财已经成为社会共识，也是公共预算改革必须回应的时代呼声。另一方面，随着改革开放的发展，反腐败成为关系党和国家事业成败的重大政治问题，也成为广大民众强烈关注的社会热点问题，反腐败斗争的艰巨性、复杂性、长期性对包括预算制度在内的各种政治、经济、行政制度建设和制度改革提出了新要求，各项制度建设必须充分考虑反腐败的需要，为实现干部清正、政府清廉、政治清明提供制度保障。著名反腐败研究专家杰瑞米·波普指出，“最为有力的反腐败机制就是建立起一套良好的财务管理制度”②，而公共预算制度就是杰瑞米·波普所说的这样一套良好的政府财务管理制度。现代公共预算制度具有强大的反腐败功能，它能够通过规制用财来遏制腐败，预算约束既是对政府的一种强有力的外部约束，也是政府系统一种强有力的内部约束，公共预算

① 刘昫：《旧唐书》卷一一八《杨炎传》，北京：中华书局 1975 年版，第 3420 页。

② ［新西兰］杰瑞米·波普：《制约腐败——建构国家廉政体系》，清华大学公共管理学院廉政研究室译，北京：中国方正出版社 2003 年版，第 314 页。

制度有助于构建透明政府、有限政府、责任政府,有助于促进治理结构转型,有助于构建不能腐、不敢腐的反腐败机制。因此,通过深化公共预算改革,健全和完善公共预算制度,促进公共预算制度反腐败功能的全面发挥,就成为反腐败斗争的一项极为重要的工作,成为我国廉洁政府建设的必由之路。

改革开放以来,我国预算制度的改革也取得了明显成就,现代公共预算制度逐步建立,并为构建廉洁政府做出了积极的贡献。但是我们也应该清醒地认识到,我国的公共预算制度还不够健全和完善,还存在许多腐败漏洞和隐患,公共预算制度的反腐败功能也远未得到充分发挥,因此,我们需要采取有力措施,大力推进和深化公共预算改革,完善公共预算的编制、审批、执行、监督、公开、问责等各方面的制度,促进预算透明,推进预算民主,提高预算绩效,强化内部控制,严肃预算问责,在规制用财方面为构建不能腐、不敢腐的反腐败机制提供强有力的制度保障。我们也深信,随着公共预算制度的健全和完善,随着各方面改革的逐步深化,我国各级政府的清廉程度必将稳步提高,夺取反腐败斗争压倒性胜利的目标定能实现。

当然我们也不能过分夸大公共预算改革的廉政功能,正如有公共预算研究专家清醒地指出的,“预算改革不是反腐败的灵丹妙药”①。反腐败是一项复杂的系统工程,需要政治、经济、文化、社会等各方面体制变革的共同努力,任何单一改革的孤军推进都难以解决这一“政治之癌”。但不管怎样,公共预算改革都是不能忽视的,没有公共预算制度的健全和完善,没有良好的规制用财制度的配合,反腐败不可能成功。在设计反腐败斗争和反腐败改革的总体战略以及具体推进策略时,我们必须对公共预算改革给予高度重视。

---

① 马骏:《治国与理财:公共预算与国家建设》,北京:生活·读书·新知三联书店2011年版,第266页。

参考文献

[1]马骏:《中国公共预算改革:理性化和民主化》,北京:中央编译出版社2005年版。

[2]马骏:《治国与理财:公共预算与国家建设》,北京:生活·读书·新知三联书店2011年版。

[3]马骏、赵早早:《公共预算:比较研究》,北京:中央编译出版社2011年版。

[4]马骏等:《呼吁公共预算——来自政治学、公共行政学的声音》,北京:中央编译出版社2008年版。

[5]马骏等:《国家治理与公共预算》,北京:中国财政经济出版社2007年版。

[6]马骏、刘亚平:《美国进步时代的政府改革及其对中国的启示》,上海:上海世纪出版集团2010年版。

[7]马骏等:《走向预算国家:治理、民主和改革》,北京:中央编译出版社2011年版。

[8]王绍光、胡鞍钢:《中国国家能力报告》,沈阳:辽宁人民出版社1993年版。

[9]於莉:《省会城市预算过程中的政治——基于中国三个省会城市的研究》,北京:中央编译出版社2010年版。

[10]於莉、马骏:《公共预算改革:发达国家之外的经验与教训》:重庆:重庆大学出版社2010年版。

[11]刘小楠:《追问政府的钱袋子:中国公共预算改革的理论与实践》,北京:社会科学文献出版社2011年版。

[12]焦建国:《英国公共财政制度变迁分析》,北京:经济科学出版社2009年版。

[13]闫海:《公共预算过程、机构与权力:一个法政治学研究范式》,北京:法律出

版社 2012 年版。

[14]王宏、高玉琢:《预算法治及其廉政功能》,北京:北京大学出版社 2015 年版。

[15]高志立等:《政府预算公共化研究:理论、实践与路径选择》,北京:中国财政经济出版社 2012 年版。

[16]杨君昌等:《公共预算:政府改革的钥匙》,北京:中国财政经济出版社 2008 年版。

[17]靳继东:《预算政治学论纲:权力的功能、结构与控制》,北京:中国社会科学出版社 2010 年版。

[18]罗春梅:《地方财政预算权与预算行为研究》,成都:西南财经大学出版社 2010 年版。

[19]林尚立:《当代中国政治形态研究》,天津:天津人民出版社 2000 年版。

[20]蒋劲松:《议会之母》,北京:中国民主法制出版社 1998 年版。

[21]蔡定剑:《公众参与:风险社会的制度建设》,北京:法律出版社 2009 年版。

[22]周琪、袁征:《美国的政治腐败与反腐败——对美国反腐败机制的研究》,北京:中国社会科学出版社 2009 年版。

[23]何增科:《反腐新路:转型期中国腐败问题研究》,北京:中央编译出版社 2002 年版。

[24]任建明、杜治洲:《腐败与反腐败:理论、模型和方法》,北京:清华大学出版社 2009 年版。

[25]陈文浩:《预防腐败》,北京:清华大学出版社 2011 年版。

[26]王明高:《中国新世纪惩治腐败对策研究》,长沙:湖南人民出版社 2002 年版。

[27]庄德水:《防止利益冲突与廉政建设研究》,北京:西苑出版社 2010 年版。

[28]李钢等:《公共政策内容分析方法:理论与应用》,重庆:重庆大学出版社 2007 年版。

[29]安训生:《地方人大工作的实践与探索》,北京:中国长安出版社 2004 年版。

[30][美]阿伦·威尔达夫斯基、内奥米·凯顿:《预算过程中的新政治学》(第四版),邓淑莲、魏陆译,上海:上海财经大学出版社 2006 年版。

[31][美]爱伦·鲁宾:《公共预算中的政治:收入与支出,借贷与平衡》,叶娟丽等译,北京:中国人民大学出版社 2001 年版。

[32][美]乔纳森·卡恩:《预算民主:美国的国家建设和公民权(1890—1928)》,叶娟丽等译,上海:世纪出版集团 2008 年版。

[33][新西兰]杰瑞米·波普:《制约腐败——建构国家廉政体系》,清华大学公共

管理学院廉政研究室译,北京:中国方正出版社 2003 年版。

[34][澳]布伦南、[美]布坎南:《宪政经济学》,冯克利等译,北京:中国社会科学出版社 2004 年版。

[35][美]爱德华·L.格莱泽、克劳迪娅·戈尔丁:《腐败与改革——美国历史上的经验与教训》,胡家勇、王兆斌译,北京:商务印书馆 2012 年版。

[36][美]尼古拉斯·亨利:《公共行政学》(第七版),项龙译,北京:华夏出版社 2002 年版。

[37][英]阿克顿:《自由与权力》,侯健、范亚峰译,北京:商务印书馆 2001 年版。

[38][美]丹尼斯·C.缪勒:《公共选择理论》,韩旭等译,北京:中国社会科学出版社 1999 年版。

[39][美]肯尼斯·F.沃伦:《政治体制中的行政法》(第三版),王丛虎等译,北京:中国人民大学出版社 2005 年版。

[40][日]藤仓皓一郎等:《英美判例百选》,段匡、杨永庄译,北京:北京大学出版社 2005 年版。

[41]马骏:《新绩效预算》,《中央财经大学学报》2004 年第 8 期。

[42]马骏:《中国公共预算改革的目标选择:近期目标与远期目标》,《中央财经大学学报》2005 年第 10 期。

[43]马骏:《中国预算改革的政治学:成就与困惑》,《中山大学学报(社会科学版)》2007 年第 3 期。

[44]马骏:《中国财政国家转型:走向税收国家?》,《吉林大学社会科学学报》2011 年第 1 期。

[45]马骏:《中国公共预算面临的最大挑战:财政可持续》,《国家行政学院学报》2013 年第 5 期。

[46]马骏、牛美丽:《重构中国公共预算体制:权力与关系——基于地方预算的调研》,《中国发展观察》2007 年第 2 期。

[47]林慕华、马骏:《中国地方人民代表大会预算监督研究》,《中国社会科学》2012 年第 6 期。

[48]王绍光:《从税收国家到预算国家》,《读书》2007 年第 10 期。

[49]王绍光:《美国"进步时代"的启示》,《读书》2001 年第 8 期。

[50]王绍光、马骏:《走向"预算国家"——财政转型与国家建设》,《公共行政评论》2008 年第 1 期。

[51]胡鞍钢、过勇:《转型期防治腐败的综合战略与制度设计》,《管理世界》2001

年第 6 期。

[52]何增科:《建构现代国家廉政制度体系——有效惩治和预防腐败的体制机制问题研究》,《马克思主义与现实》2009 年第 3 期。

[53]公婷:《问责审计与腐败治理》,《公共行政评论》2010 年第 2 期。

[54]许光建等:《中国公共预算治理改革:透明、问责、公众参与、回应》,《中国人民大学学报》2014 年第 6 期。

[55]许正中、刘尧、赖先进:《财政预算专业化制衡、绩效预算与防治腐败》,《财政研究》2011 年第 3 期。

[56]郑石桥、贾云洁:《预算机会主义、预算治理构造和预算审计——国家审记嵌入公共预算的理论架构》,《南京审计学院学报》2012 年第 4 期。

[57]王淑杰:《议会监督预算能力研究——兼论我国人大预算监督》,《财经论丛》2009 年第 3 期。

[58]魏陆:《人大预算监督效力评价和改革路径选择》,《上海交通大学学报(哲学社会科学版)》2015 年第 1 期。

[59]宋达、郑石桥:《政府审计对预算违规的作用:抑制还是诱导?——基于中央部门预算执行审计数据的实证研究》,《审计与经济研究》2014 年第 6 期。

[60]刘明、欧阳华生:《深化政府预算绩效管理改革:问题、思路与对策》,《当代财经》2010 年第 4 期。

[61]于民:《财政权规制视域下的英国宪政——1690 年英国财政解决的宪政意义》,《文史哲》2012 年第 4 期。

[62]陈国权、曹伟:《权力监督制约的制度功能与现实意义》,《社会科学战线》2011 年第 9 期。

[63]郭剑鸣:《从预算公开走向政府清廉:反腐败制度建设的国际视野与启示》,《政治学研究》2011 年第 2 期。

[64]郭剑鸣:《公共预算约束机制建设与中国反腐败模式的完善》,《政治学研究》2009 年第 4 期。

[65]郭剑鸣:《预算国家的思想发展、制度意蕴及其建设路径》,《学习论坛》2009 年第 3 期。

[66]郭剑鸣:《"预算国家":一项防治腐败的基本制度供给——基于 2008 年国家审计署审计公告的思考》,《人文杂志》2009 年第 3 期。

[67]郭剑鸣、姜文芳:《论基于公共预算制度的反腐败模式创新》,《领导科学》2009 年 10 月中。

[68]郭剑鸣:《“规制用财”:我国反腐败模式创新的方向》,《探索》2009 年第 6 期。

[69]郭剑鸣:《治吏与治财整合式反腐:深化我国反腐败工作的基本进路——基于我国近年来千万元以上贪腐大案多发趋势的思考》,《探索》2011 年第 6 期。

[70]李伟:《中国共产党执政兴邦的独特优势——论依靠人民群众支持和参与反腐败斗争》,《党政干部学刊》2014 年第 3 期。

[71]牛先锋:《网络反腐的功能及其完善对策》,《理论视野》2009 年第 5 期。

[72]唐云锋:《我国预算反腐败困境与预算的社会监督逻辑》,《财经论丛》2013 年第 6 期。

[73]欧阳华生、张海洋:《廉政的制度约束效应国际比较研究——基于预算透明和审计制度视角》,《公共财政研究》2015 年第 3 期。

[74]张宇燕、景富筠:《美国历史上的腐败与反腐败》,《国际经济评论》2005 年第 3 期。

[75]吕侠:《论中国的预算公开》,《中南财经政法大学学报》,2011 年第 4 期。

[76]李春根、徐建斌:《中国财政预算透明与地区官员腐败关系研究》,《当代财经》2016 年第 1 期。

[77]张培培、温明月:《预算透明能够提高政府廉洁程度吗——基于跨国面板数据的实证分析》,《甘肃行政学院学报》2016 年第 1 期。

[78]曹鲲、徐琴:《中国的预算改革与廉政制度建设》,《湖北社会科学》2012 年第 3 期。

[79]龚敏:《1560—1640 年英国财政状况与贵族和官员的腐败》,《历史教学问题》2005 年第 4 期。

[80]陈少晖、廖添土:《中国政府预算改革 60 年:历史演进与制度创新》,《经济研究参考》2009 年第 63 期。

[81]马蔡琛:《国家预算、政府预算和公共预算的比较分析》,《中国财政》2006 年第 2 期。

[82]梁洪波、王卫:《预算绩效管理改革待深化》,《公共财政研究》2015 年第 4 期。

[83]高志立:《从“预算绩效”到“绩效预算”——河北省绩效预算改革的实践与思考》,《财政研究》2015 年第 8 期。

[84]本刊编辑部:《夯实现代财政制度基石——财政部全面推进财政部门内部控制建设综述》,《财政监督》2016 年第 3 期。

[85]秦凤翔:《论财政包干体制及其改革》,《学术交流》1990 年第 3 期。

[86]朱俊福:《分税制改革20年的成就、问题、未来取向》,《税务研究》2014年第10期。

[87]彭健:《中国公共预算制度:演进轨迹与发展取向》,《中州学刊》2012年第5期。

[88]李一帆:《现行财政体制的腐败隐患》,《瞭望新闻周刊》2005年第7期。

[89]凌岚:《让公共预算中的政府问责制运转起来——对印度公民预算组织的考察》,《当代财经》2009年第3期。

[90]张献勇:《浅谈设立纳税人诉讼制度》,《当代法学》2002年第10期。

[91]龙太江:《廉政建设需大力推进预算民主》,《探索与争鸣》2013年第4期。

[92]龙太江:《论预算问责的廉政功能及其开发》,《广州大学学报(社会科学版)》2017年第9期。

[93]龙太江、周光俊:《腐败零容忍:理念、制度与行为》,《广州大学学报(社会科学版)》2014年第11期。

[94]周光俊、龙太江:《预算公开与廉洁政府关系的实证研究——基于OBI与CPI的相关性检测》,《福建行政学院学报》2014年第4期。

[95]Caiden,Naomi,"Shaping Things to Come:Super Budgeters as Heros(Heroines)in the Late Twentieth Century",In Rubin,I.Eds.*New Directions in Budget History*,New York:State University of New York Press,1988.

[96]Dali L.Yang,*Remaking the Chinese Leviathan:Market Transition and the Politics of Governance in China*,Stanford,California:Stanford University Press,2004.

[97]W.Funnel,K.Cooper,*Public Sector Accounting and Accountability in Australia*,Sydney:University of New South Wales Press,1998.

[98]M.J.Braddick,*The Nerves of the State*,*Taxation and the Financing of the English State*,*1558-1714*,Manchester:Manchester University Press,1996.

[99]Terence Daintith and Alan Page,*The Executve in the Constitution:Structure*,*Autonomy*,*and Internal control*,Oxford:Oxford University Press,1999.

[100]Schedler,A.,"Conceptualizing Accountability,In Schedler",A.,Diamond,L.& Plattner M.eds.,*The Self-restraining State*.Boulder,CO:Lynne Rienner:1999.

[101]A.Shick,*Capacity to Budget*,Washington D.C.:The Urban Institute Press,1990.

[102]J.Glynn,*Public Sector Financial Control and Accountability*,Oxford:Basil Blackwell,1987.

[103] IMF, *Code of Good Practices on Fiscal Transparency*, http://www. imf. org/

external/np/pp/2007/ eng/051507c.pdf,2007-05-15.

[104] OECD, *Best Practices for Budget Transparency*, http://www. oecd. org/datao-ecd/33/13/1905258.pdf,2002.

[105] World Bank, *Public Expenditure Management Handbook*, Washington, D.C.: The World Bank,1998.

[106] Salvatore Schiavo-Campo, *Governance*, *Corruption and Public Financial Management*, Asian Development Bank,1999.

[107] Jun Ma, Zaozao Zhao & Meili Niu, "Budgeting for Fiscal risks: The Challenge for China", *Journal of Asian Public Policy*, 2015, Vol.8, No.3, 351-368.

[108] Jun Ma, "The Dilemma of Developing Financial Accountability without Election—A Study of China's Recent Budget Reforms", *The Australian Journal of Public Administration*, Vol.68, no.S1, pp.62-72.

[109] Jun Ma & Xing Ni, "Toward a Clean Government in China: Does the Budget Reform Provide a Hope? "*Crime Law Social Change*, 2008, 49(2): 119-138.

[110] Smulovitz, Z. and Peruzzotti, E., "Societal Accountability in Latin American", *Journal of Democracy*, 2000, 11(4): 147-158.

[111] Rubin, I., "Budgeting for Accountability: Municipal Budgeting for the 1990's", *Public Budgeting & Finance*, 1996(16): 112-132.

[112] Milesi-Ferretti, Gian Maria, Good, "Bad or Ugly? On the Effects of Fiscal Rules with Creative Accounting", *Journal of Public Economics*, 2004, Volume 88, Issues 1-2, January 2004, 377-394.

[113] Bernardino Benito, Francisco Bastida, "BudgetTransparency, Fiscal Performance, and PoliticalTurnout: An International Approach", *Public AdministrationReview*, May /June 2009, 69(3): 403-417.

[114] Caiden, Naomi, "A New Perspective on Budgetary Reform", *Australia Journal of Public Administration*, 1989, Vol.48, No.1: 51-58.

后　　记

本书是在我主持的国家社科基金项目“公共预算改革与廉洁政府建设研究”的结题研究报告基础上修改而成的。课题申报的初衷,是基于对现代公共预算制度具有强大的反腐败功能,反腐败必须高度重视和强化公共预算管理,而国内廉政学界相关研究还比较薄弱的粗浅认识。感谢项目评审专家们的支持和全国哲学社会科学工作办公室的立项,使我把视野转向公共预算研究。感谢匿名成果鉴定专家们的肯定,使课题得以顺利结项。

本书大部分内容由我撰写,我所指导的多名研究生先后参与了课题研究,并撰写了本书的小部分内容,感谢课题组成员的辛勤付出。华东政法大学政治与公共管理学院周光俊博士撰写了第一章第二节、第五章第一节的部分内容,牛欢撰写了第三章初稿,潘文艺和钟霓分别参与了案例、审计工作报告等资料的搜集与整理工作,其余章节由本人完成。书中的部分内容以论文形式发表于《探索与争鸣》《广州大学学报》《福建行政学院学报》等刊物,感谢上述编辑部与编辑们的支持和厚爱。

感谢湖南省廉政研究基地、湖南大学廉政研究中心,以及湖南大学马克思主义学院、公共管理学院领导和同事们的鼓励与支持。我深知,在廉政研究方面能有所收获,一直得益于有湖南大学廉政研究中心这一作为国内廉政领域首家省级人文社科重点基地的良好平台,和一班志同道合、团结奋进的同仁。

从传统的政治学、公共管理研究闯入公共预算这一相对陌生的领域，期间经历颇多艰辛，也难免有诸多不足与缺陷，敬请批评、指正。

龙太江

2019 年 3 月

丛书策划：蒋茂凝
责任编辑：万　春
封面设计：石笑梦
版式设计：胡欣欣
责任校对：湖　傕

图书在版编目（CIP）数据

公共预算改革与廉洁政府建设研究/龙太江 等著. —北京：人民出版社，2020.6

ISBN 978－7－01－022166－3

Ⅰ.①公…　Ⅱ.①龙…　Ⅲ.①国家预算-预算制度-关系-廉政建设-研究-中国　Ⅳ.①F812.3②D630.9

中国版本图书馆 CIP 数据核字（2020）第 090960 号

公共预算改革与廉洁政府建设研究

GONGGONG YUSUAN GAIGE YU LIANJIE ZHENGFU JIANSHE YANJIU

龙太江　等著

人民出版社 出版发行
（100706　北京市东城区隆福寺街 99 号）

中煤（北京）印务有限公司印刷　新华书店经销

2020 年 6 月第 1 版　2020 年 6 月北京第 1 次印刷
开本：710 毫米×1000 毫米 1/16　印张：9.75
字数：140 千字

ISBN 978－7－01－022166－3　定价：35.00 元

邮购地址 100706　北京市东城区隆福寺街 99 号
人民东方图书销售中心　电话（010）65250042　65289539